学校体育教育文化审视研究

刘海燕　苏晓红　邵曲玲◎著

吉林出版集团股份有限公司
全国百佳图书出版单位

图书在版编目（CIP）数据

学校体育教育文化审视研究 / 刘海燕，苏晓红，邵曲玲著. -- 长春：吉林出版集团股份有限公司，2024.4
ISBN 978-7-5731-5125-4

Ⅰ.①学… Ⅱ.①刘…②苏…③邵… Ⅲ.①学校体育—教学研究 Ⅳ.① G807.01

中国国家版本馆 CIP 数据核字（2024）第 111423 号

学校体育教育文化审视研究
XUEXIAO TIYU JIAOYU WENHUA SHENSHI YANJIU

著　　者	刘海燕　苏晓红　邵曲玲
责任编辑	李　娇
封面设计	守正文化
开　　本	710mm×1000mm　　1/16
字　　数	232 千
印　　张	9.75
版　　次	2025 年 1 月第 1 版
印　　次	2025 年 1 月第 1 次印刷
印　　刷	天津和萱印刷有限公司

出　　版	吉林出版集团股份有限公司
发　　行	吉林出版集团股份有限公司
地　　址	吉林省长春市福祉大路 5788 号
邮　　编	130000
电　　话	0431-81629968
邮　　箱	11915286@qq.com
书　　号	ISBN 978-7-5731-5125-4
定　　价	72.00 元

版权所有　翻印必究

前　言

　　国家颁布的《全国普通高等学校体育课程教学指导纲要》和《学生健康教育基本要求》结合学校体育教育与健康教育的实际情况，要求学校教育树立"健康第一"的指导思想。健康的体质是思想道德素质和科学文化素质的基础，"健康第一"成为新世纪合格人才的新理念。

　　健康是体育和健康教育的共同目标。在编写过程中，我们根据全国普通高等学校教学工作会议精神，围绕增强体育意识和强化素质教育这两个重点，运用理论与实践相结合的原则，改革教学内容和课程体系，将体育与健康教育的知识进行整合，使学生在加强身体锻炼的同时，也能学习一些体育保健知识和健康教育知识。让体育教学内容既有身体锻炼的方法，又有健康锻炼的基础理论和健康生活的科学方式。

　　学校是教育培养各类人才的场所，学校体育与健康教育的质量与水平，将直接影响21世纪整个中华民族的身体素质和健康水平。为此，党和政府非常重视学校体育与健康教育，颁布了《学校体育工作条例》和《学校卫生工作条例》，并将健康教育课纳入学校教学大纲计划。教育改革和发展的根本目的在于提高民族素质，培养更多人才，培养优秀人才，这给我国学校体育与健康教育的改革和发展指明了方向。因此，加强对体育与健康教育的研究，促进学校体育与健康教育的改革和发展，提高教育的质量与水平，是至关重要的。

　　本书共包含十三章，第一章为体育的概念，分别介绍了体育的产生与体育概念的形成，体育概念的分歧及症结，中国、日本、美国、英国等国体育概念的比较研究三个方面内容；第二章为学校体育的发展，主要介绍了五个方面的内容，依次是我国古代学校体育简况、我国近代学校体育的形成与发展、中华人民共和国成立以来学校体育的发展概况、我国学校体育思想的变迁、学校体育的目标体系；第三章为体育精神，分别介绍了三个方面的内容，依次是体育精神的内涵、体育精神的作用、体育精神培养的途径；第四章为体育意识，分别介绍了学生体育意识的基本特点、学生体育意识培养的主要途径、学生体育意识的培养三个方面的内容；第五章为学生体育能力的培养，主要介绍了两个方面的内容，分别是对教师体育培养能力的要求、培养学生体育能力的关键；第六章为学生人文精神的培养，主要介绍了两个方面的内容，依次是"人文"的内涵与人文教育、体育教学中的人文教育；第七章为个性教育，分别介绍了个性教育的重要性，学生个性教育的途径，创建个性、休闲、快乐一体化体育教学模式三个方面内容；第八章为学生道德品格的培养，主要介绍了两个方面的内容，依次是体育教学是实施学校思想品德教育的重要途径、体育教学中进行思想品德教育的方法；第九章为学生心理素质的培育，分别介绍了体育教学中学生心理素质培养的必要性、学生心理特征及心理素质的能力结构两个方面的内容；第十章为"健康第一"的指导思想，主要介绍了三个方面的内容，依次是转变体育教育理念，明确教学指导思想；深化体育教学改革，形成新的教学布局；建立健全保证机制，持之以恒抓好落实；第十一章为体育与健康教学内容，分别介绍了体育与健康教学内容概述、体育与健康教学内容体系两个方面的内容；第十二章为体育与健康教学方法，主要介绍了两个方面的内容，依次是体育与健康教学方法概述、常用的体育与健康教学方法；第十三章为体育与健康课的教学过程，分别介绍了体育与健康课的准备、体育与健康课的实施、体育与健康课教学的组织形式、体育与健康课的评价四个方面的内容。

  在本书撰写过程中，参考和引用了国内外许多专家学者的著作和宝贵研究成果，因参引繁杂，在此不便一一列举。兹将参考文献附录于书后，在此谨向这些宝贵资料的原著作者致以由衷的感谢。

  由于作者水平有限，书中定会存在一些不足之处，恳请读者批评、斧正。

刘海燕 苏晓红 邵曲玲
2023 年 10 月

目 录

第一章 体育的概念 1
 第一节 体育的产生与体育概念的形成 3
 第二节 体育概念的分歧及症结 6
 第三节 中国、日本、美国、英国等国体育概念的比较研究 11

第二章 学校体育的发展 17
 第一节 我国古代学校体育简况 19
 第二节 我国近代学校体育的形成与发展 20
 第三节 中华人民共和国成立以来学校体育的发展概况 22
 第四节 我国学校体育思想的变迁 26
 第五节 学校体育的目标体系 29

第三章 体育精神 37
 第一节 体育精神的内涵 39
 第二节 体育精神的作用 41
 第三节 体育精神培养的途径 42

第四章 体育意识 45
 第一节 学生体育意识的基本特点 47
 第二节 学生体育意识培养的主要途径 49
 第三节 学生体育意识的培养 50

第五章　学生体育能力的培养 ... 53
第一节　对教师体育培养能力的要求 ... 55
第二节　培养学生体育能力的关键 ... 56

第六章　学生人文精神的培养 ... 59
第一节　"人文"的内涵与人文教育 ... 61
第二节　体育教学中的人文教育 ... 62

第七章　个性教育 ... 65
第一节　个性教育的重要性 ... 67
第二节　学生个性教育的途径 ... 68
第三节　创建个性、休闲、快乐一体化体育教学模式 ... 69

第八章　学生道德品格的培养 ... 73
第一节　体育教学是实施学校思想品德教育的重要途径 ... 75
第二节　体育教学中进行思想品德教育的方法 ... 76

第九章　学生心理素质的培育 ... 79
第一节　体育教学中学生心理素质培养的必要性 ... 81
第二节　学生心理特征及心理素质的能力结构 ... 82

第十章　"健康第一"的指导思想 ... 85
第一节　转变体育教育理念，明确教学指导思想 ... 87
第二节　深化体育教学改革，形成新的教学布局 ... 88
第三节　建立健全保证机制，持之以恒抓好落实 ... 90

第十一章　体育与健康教学内容 ... 93
第一节　体育与健康教学内容概述 ... 95
第二节　体育与健康教学内容体系 ... 99

第十二章 体育与健康教学方法 ………………………………………… 105
　　第一节 体育与健康教学方法概述 …………………………………… 107
　　第二节 常用的体育与健康教学方法 ………………………………… 110

第十三章 体育与健康课的教学过程 …………………………………… 123
　　第一节 体育与健康课的准备 ………………………………………… 125
　　第二节 体育与健康课的实施 ………………………………………… 128
　　第三节 体育与健康课教学的组织形式 ……………………………… 130
　　第四节 体育与健康课的评价 ………………………………………… 137

参考文献 …………………………………………………………………… 141

第一章 体育的概念

　　本章体育的概念，主要从三个方面进行阐述，分别是体育的产生与体育概念的形成，体育概念的分歧及症结，中国、日本、美国、英国等国体育概念的比较研究。

第一节　体育的产生与体育概念的形成

体育的产生与体育概念的形成，是两个不同性质的问题。体育的产生不等于体育概念的形成，反过来，也并不是形成了体育概念才有了体育。

体育的起源时间一直存在多种说法，有的人认为体育产生于劳动，有的人认为体育产生于生产和生活的需要。从起源时间上看，更是说法不一。不过，体育起源是史学的重要问题，本书不做讨论。许义雄认为体育的产生是有条件的，是由外在和内在的诸条件相互作用而形成的，这种认识具有一定的先进性。许义雄认为，体育的产生是通过有目的的组织和设计等内在行为作为手段。

在古代，虽然有体育一词及概念的存在，却包含了运动养生的思想和实践，可以说是处于原始形态或萌芽状态的体育。如果说古代没有体育一词或体育概念，就断定古代无体育，这种说法证据不足。云南省体育科学研究所顾问、北京师范大学体育客座教授苏竞存先生认为：那种"体育产生于劳动""体育产生于原始社会"的说法，是没有事实依据的[1]。不仅在封建社会以前没有体育，就是在清末以前学校的教育中也没有体育。照此说法，古代体育史是不存在的，其研究似乎也失去意义。古代中国的强身健体活动，如导引、养生、八段锦、易筋经等，实际上类似于今天的体育活动。古希腊、罗马也盛行以养生健身为目的的实践活动，其内涵与体育是相同的。

18世纪60年代，"体育"一词始在法国出现。1762年，法国出版教育家卢梭（Jean-Jacques Rousseau，1712—1778）在名著《爱弥尔》（Emile）中用体育（Education Physique）这个词论述了对爱弥尔的身体教育过程。随后德国、英国等启用卢梭的"体育"一词，分别用"Physique erztekung""Physical cducation"标记[2]。

德国顾兹姆茨于1793年出版《青年的体操》一书，使用了"身体的教育"和"属于教育的身体运动"这样一些概念。19世纪后，体育一词已成为专门术语出现在体育著作中。

---

[1] 佘洪治. 体育教学中三维目标的界定[J]. 当代体育科技，2017，7（34）：2.
[2] 刘志国. 也论体育：以《体育概论》的界定为例[J]. 山东体育学院学报，2017，33（5）：25-30.

1838年，法国体育家阿摩罗什（F Amorosh,1770—1848）出版了《体育概论，体操与道德》(Introduction to sports, gymnastics and ethics)。此书把"体育、体操"作为两个概念使用。英国社会学家斯宾塞（spencer,1820—1903）于1854年发表以《体育》(P.E.)为题的论文。

在日本，将"体育"作为新词是近藤镇三首创。他于1876年在《文部省杂志》第六号上第一个使用了"体育"这个词。P.E.——体育的最早译者是箕作麟祥。从明治四年（1871）起，箕作把P.E.日译为"体之教"。后来，又有人将其译为"关于身体的教育""身体之教育""身体教育""身教育体"。至1882年，横井又出版了他的《体育学》一书。1886年"大阪体育会"成立，同年近藤镇三又在日本《教育杂志》第52号、《教育新志》第7号上连续使用"体育"一词。至1887年，P.E.——体育这个词在日语中固定下来，并逐渐为大众接受（参见日本岸野雄三《体育创》第一章第二节，大修馆书店1977年版）。

在中国，"体育"这个词是在19世纪末从日本引进来的，它的本义是"身体的教育"，是近代教育的一个组成部分。

我国最早把"体育"作为学校教育内容的是梁启超（1873—1929）。1897年，他在自拟《湖南时务学堂学约》第一条"学纲"中的第八项"摄生"中写道："饮食作息有定时，勿过劳，重体育锻炼。"

最早在报刊上出现"体育"一词的时间是1901年，这一年8月出版的《教育世界》上，第一次刊登了胡钧的译文《关于学校体育及卫生注意法》。

最早成立的体育组织是1903年成立的"无锡体育会"，这年上海出版的《政艺通报》刊登过《无锡体育会章程》。

最早在清朝官方文件中出现"体育"一词的是1903年张百熙、荣庆、张之洞拟定的《奏定学堂章程：学务纲要》。这个"纲要"的第一条中写着"外国学堂，智育体育外，尤重德育，中国大理也"。

中国在洋务运动中曾从外国引进"体操"，并在军事学堂中先后开设体操课。"体操"传入我国后，一度与"体育"并用，两者的概念几乎相等[①]。直到1933年，北洋政府新学制课程标准起草委员会颁布《中小学课程纲要》之草案，才正式将"体操科"改称为"体育课"。"体育"与"体操"自此代表不同的含义，之后，

[①] 李杰，曹电康，李晓栋."体育艺术"概念辨析与重新界定[J].福建体育科技，2017,36(3):3.

越来越广泛地使用了体育（P.E.）这个语词概念。

从体育概念的产生可以看出，中国的体育与世界其他国家的体育都是一种教育，体育的产生与体育概念的形成是不同步的。将体育概念的形成视为体育产生的标志，是个别学者的观点，有待论证。

第二节　体育概念的分歧及症结

一、体育概念问题的演化

20世纪70年代以后，体育的概念非常明确，体育是一种以身体活动为方式的教育，没有什么大小体育之分，也没有体育含义上的模糊以及随意使用的造词，诸如竞技体育、娱乐体育、快乐体育、杂技体育、养生体育、健身体育、桥牌体育等。这个时期体育概念的主要缺陷有两点：第一是"以身体大肌肉活动为工具而达到教育目的的"以及"以身体活动为方式"这样的定义内涵，没有反映体育完善人体（增强体质或发展身体）的本质；第二是以"体育教育"这个不规范的词来表达体育的概念，即一个概念两个名词，好在体育概念是明确的，但同一概念用两个词表达在学术领域里始终不妥。苏联著名学者马特维也夫教授认为，一个词应该表达一个概念，否则就搞乱了[①]。上海师范大学胡均升教授也主张，一个名词对应多种概念或者多个名词对应同一个概念都是不正确的。

（一）"体育教育"问题

"体育教育"是一个使用不准确的语词。一是翻译错误，译者不精通英文、俄文，难以考证；二是本身的错误——词义重复，有教育家曾说过"德育教育""智育教育"这样的用词不对；三是为了强化运动竞技，分出了所谓的大体育、小体育，而"体育教育"正好被称作"小体育"，这个"体育教育"后来在20世纪80年代末被引作"大体育"。还有人说，西方的运动竞技教育（Sports Education）是"体育教育"，"体育教育"一词包含了多层含义：一是体质教育、学校体育、二是大体育教育、三是Sports教育。由此可见，"体育教育"一词在20世纪80年代被滥用，导致体育思想的混乱[②]。所以说，"体育教育"一词后患无穷。在体育理论研究中乱用概念、名词。

---

① 高海利，张纳新.民俗体育的概念厘定及其特点研究[J].山东体育科技，2016，38（1）：4.
② 熊欢，王永顺.体育运动中性骚扰的界定、表现形式及类型[J].北京体育大学学报，2015（1）：8.

（二）"身体文化——体育"问题

将身体文化当作体育，就使得国际上通用的身体文化概念丢失了。为什么要把身体文化当体育，原因是"不习惯"使用身体文化概念。但这样做使体育一词的含义更加模糊，又指体育教育，又指体育和运动（俄文指身体文化与竞技，英文指 Physical educate—tion and sport），一个名词多个概念，异常混乱[①]。

（三）"Sports——运动"问题

"运动"是个广义词，只有加上限制词才能具有具体的意义，如政治运动、竞技运动、体育运动等。学术领域用这个词应该译为"竞技"，竞技分为运动竞技和非运动竞技，球类、田径、体操、游泳等竞技项目属于运动竞技，棋、牌、养鸟养花、钓鱼等属于非运动竞技。Sports 真实的含义有两个：一是娱乐消遣活动，二是竞技。近代多用于标记竞技，代替了 Athletics。

有人认为，体育是多维、多目标、多功能的身体运动和社会活动，这模糊了体育的本质——增强体质的（完善人体的）教育。遂出现了两种体育，即所谓的广义、狭义体育或者大、小体育。大体育统括了健身、娱乐竞技等内容广泛的社会文化活动；小体育则人为地将真正的体育局限在学校的范围内。前者"包罗万象"，后者狭义化。广义、狭义体育实质上是两种不同内涵的体育。这扩大了体育内涵，现实生活中简直找不到符合体育定义的体育现象[②]。

二、辨析体育概念问题的逻辑学依据

（一）运用逻辑学研究体育概念的意义

逻辑学是研究思维规律的学科，具有工具性质。在体育科学领域里应用逻辑学这一工具，能够有效提高体育科研工作者运用概念、判断、推理以及反映体育客观规律的能力。

"体育"是体育工作者最常用且问题最多的一个术语。我们要准确表达对体

[①] 暴丽霞，冯强，王建洲.文化寻绎：身体叙事与石球文化的体育人类学探析[J].广州体育学院学报，2020，40（3）：4.
[②] 吴震东.技术，身体与资本——"微时代"网络直播的消费文化研究[J].西南民族大学学报：人文社会科学版，2020，41（5）：8.

育的见解及研究成果，就必须研究清晰、规范的体育概念。从这个角度来讲，体育概念认识得准确与否，反映了一个人体育思想水平的高低。因为逻辑学（主要是形式逻辑）对概念的确定、定义与划分都有明确的规定，可以帮助我们辨析长期悬而未决的体育概念问题。

（二）基本概念

概念是反映对象持有属性的思维形式。概念是思维的起点，一方面，有了概念才能形成判断，进行推理和做出论证，另一方面，人们从判断、推理、论证中获得的知识，又会凝结为新的概念。理解概念，需要弄清楚概念的内涵、外延和概念的形成。

概念的内涵是对事物特有属性的反映，概念的外延是具有概念所反映的特有属性的所有事物。正确的概念是科学抽象的结果。

人们在实践的基础上积累了丰富的感性认识材料，经过思维进行去伪存真、由此及彼、由表及里地改造制作，舍掉事物的一些次要方面，保留事物的特有属性，最终形成概念。例如，"人"的概念就经历了以上几个阶段的变化：人是无毛两足直立的动物——人是有思维的动物——人是制造和使用生产工具的动物。（《简明社会科学词典》第1043页）

（三）体育、竞技定义的方法

体育概念与体育本质是紧密联系在一起的。这是因为，体育概念是体育本质属性的反映。体育有很多属性，如身体运动、文化、游戏、娱乐、竞技、教育、教学、健身、比赛等。在体育的众多属性中，可以找出体育的本质属性。体育概念所反映的只是体育的本质属性，而体育的非本质属性不能在体育概念中反映出来。

如何用精确的语词表达准确的概念？这就要靠定义。所谓定义，是指对于一种事物的本质特征或一个概念的内涵和外延的确切而简要的说明。（《现代汉语词典》第7版第309页）定义是明确概念内涵的方法[①]。

在这里，还要弄清楚上位概念（属概念）和下位概念（种概念）。上位概念

---

① 李元元.身体的文化形塑与疾病的抗争隐喻——完德"酗酒"行为的文化解释[J].兰州大学学报：社会科学版，2019，47（6）：20-27.

是指具有从属关系的两个概念中，外延较大的概念；下位概念指具有从属关系的两个概念中，外延较小的概念。

下定义，最基本的方法是属加种差定义法。概念是从属加种差定义中派生出来的。属加种差定义的形式可以用一个公式来表示：

被定义项 = 邻近的属 + 种差

下定义的基本步骤为：首先，找出包含被定义对象的较大的一个事物类，即找出被定义对象的属，如体育的属是教育，轻工业的属是工业；其次，找出这个界中区分这个种与其他种的差别（种差），如体育在教育这个界里与德育、智育的差别，轻工业在工业这个界里与重工业的差别。

在下定义的过程中，应遵守的基本规则为：

第一，定义不能直接或间接地包含被定义项，否则会犯"循环定义"或"同语反复"的错误，如娱乐体育是愉悦身心的体育活动。

第二，定义项的外延与被定义项的外延必须完全相同，否则犯定义过宽错误，如体育是对人身体、智力、品德进行的教育，再如20世纪80年代用"培养道德意志品质"作为体育概念的内涵，均为定义过宽。

第三，定义项除非必要，不应包含肯定概念，如体育是身体运动和社会活动。

第四，定义项不能包括含混的概念成语词，如"体育是现代科技的橱窗"，这只是一个比喻。

总结体育这个概念，首先要明确体育直接的或邻近的属概念是教育，而不是社会活动，更不是身体运动。身体运动并非体育特有属性，用身体运动作为体育的属概念，违背了定义的基本要求（定义是提示事物特有属性的方法）。

三、体育概念的分类

体育（狭义）、竞技运动、体育锻炼、学校体育、竞技体育、群众体育的分类，都犯了逻辑学的错误。学校体育、竞技体育、群众体育这种三分法的问题很明显。王健等人在上海体育学院学报发表的"对体育概念的逻辑学思考"提出了独特的见解，思想非常明确。王文说："曹湘君、体院1985年本（科）、普通院校1986年本的三种（体育）定义，是对体育这一事物特有属性的堆砌，并非体育本质属性的表述。这三种定义没有反映出体育的本质属性，从而很难使体育这一事物与其他事物区分开来。"① 这与我们讲的给体育下定义要抓住体育的本质是一样的。王文由此进一步指出:"三分法"实际上是以对象、场所、目的三种标准进行划分的,这种不符合逻辑的划分,将学校体育、竞技体育和群众体育人为分割开来,容易导致理论研究和实际工作上的混乱。这样的观点,就连"三分法"的创始人熊斗寅先生也认为"三分法"不是最佳分类法,但目前尚未找到更好的分类方法,有待进一步研究。我们应该探寻更科学的分类方法,不要再沿用过去那种"三分法"。否则,就会出现王健等人说的,这种不符合逻辑的"三分法"将竞技体育、学校体育、群众体育人为地割裂开来。

对体育概念进行分类,可以采用多种标准。如果从实施体育的场所来划分,则可以将体育分为幼儿园体育、家庭体育、学校体育、社会体育;如果从参加者的年龄来划分,则可以将体育分为胎儿体育、婴幼儿体育、青少年体育、老年体育。还可以按其他标准进行分类,但都要遵循"概念划分的规则",否则就容易导致混乱。比如,我们现在常听到这样的议论:"体育不就是运动竞赛吗?它还管增强人民体质的事吗?它怎么还会是一种教育?"等,这些认识都与我们对体育概念的不清楚有关。

以上对体育概念的定义、分类都没有强调竞技运动,这并不是说竞技运动不重要,更不是要排斥竞技运动。

我国目前正在推行"全民健身计划"是一件利国利民的大好事。但同时,我们要协调好"全民健身计划"与"奥运争光计划"。这些也就是我们运用逻辑学分析体育概念问题得到的基本思想。

---

① 席玉宝.试论体育学科的分类[J].西安体育学院学报,2020(1):7.

第三节　中国、日本、美国、英国等国体育概念的比较研究

一、中国

中国是一个有数千年文明历史的国家，体育这一现象可以说自古存在，在众多对体育概念的表述中，反映体育与运动竞技各自规律的认识是科学的，基于这一认识所定义的体育才是比较准确的[①]。

苏竞存用了两个概念：一是体育（P.E.），二是运动（sport）。他认为，体育是根据人体适应与变化的自然规律，有意识地用人体自身的运动来增强体质、促进身心健康的科学方法，是社会的一种文化教育活动；运动（sport）是指用来体现游戏娱乐的身体运动，包括竞技性的和非竞技性的运动。舞蹈、技巧运动被用作增强体质的体育手段时，属于体育活动。舞蹈演员表演舞蹈，杂技演员表演技巧，他们也在做这些运动，在客观上也锻炼了演员的身体，增强了他们的体质，但他们的运动不是为了锻炼身体，而是为了表现这些运动技艺，供人们欣赏。因此，这些运动是艺术，而不是体育。所以，不能认为凡是运动就是体育。苏竞存的这些认识代表了中国一流学者的水平。

田继宗认为，中国学者在体育名词概念上争论的焦点集中在体育（Physical Education）及运动（Sports）的名称上，既把Sports当体育，又把Physical Education当体育，二者必然混淆。如果将Sports译成中文的"体育"，而中文的"体育"又与英文的Physical Education相对应，那么，这样在反向交流时英文的Sports变成了Physical Education，必然会出现混乱局面。例如，国外运动队，英文应是Sports Delegation，我们将其译成体育代表团；但如果中国体育代表团在翻译时按字面含义翻译成了"The Delegation of Physical Education"，则接待该团的对方官员就来自教育部门。所以，不应把Sports也翻译成"体育"。

[①] 郑锦惠. 开放式教学在高校体育教学中的运用[J]. 中外企业家，2020，680（18）：224-224.

中国"竞技体育"一词的用法，在英文中找不到对应词，如果直接译成 Competitive Physical Education，则无人明白它的内涵。所以，Sports 还是译成"竞技"或"运动竞技"较为稳妥。

二、日本

日本在 1863 年开始使用"体操"一词。它来自欧洲的 Gymnastics，译成"体术""体学""锻炼法"等，1873 年统一命名为"体操"。学校中的课程被命名为"体操科"，后来传入中国。1876 年，日本学者近藤镇三在《独逸教育论抄》中将身体教育译成"体育"，从此正式使用"体育"这一词。日本在教育领域中使用的体育名词是比较清晰的，但从社会上流传、使用的情况来看，仍有混淆不清的现象。例如，社会的各体育协会实际上与体育无关，都是管理竞赛事务的社团。

日本也存在上位概念、下位概念之说。岸野雄三将身体教育放在"身体文化、身体教育、身体锻炼"的模式里，近藤镇三的排法则是"身体文化（身体运动）体育"。松田岩男反对这样的分析，认为这没有满足"各种概念都处在同一范畴内方可成立"的逻辑。

从日本文部省的名称机构来看，"体育"是作为大概念处理的，直辖文部大臣的有秘书长、政务次官、事务次官三个机构。

事务次官主管七个局：大臣官房、初等中等教育局、教育助成局、高等教育局、学术国际局、社会教育局、体育局。此外，设专人管理语文学校（主要是大学）及研究机关。

三、美国

美国在体育观念方面没有国家统一规定的传统。各大学及大学学者在使用有关名词概念时也只能代表本单位的观点，很难说谁的观点是典型的"美国概念"。

体育或身体教育（Physical McLain）这个词却是比较普及的名词，但具体内涵并不是很清楚。例如，美国各大学的体育学院或体育系名称上的差异就很大。具体情况如下表 1-3-1 所示：

表 1-3-1　美国大学体育院系命名情况统计

体育院系名称	数量（个）	百分比（%）
健康、体育	16	31
体育	14	27
健康	6	12
健康科学	3	6
健康、体育、娱乐、舞蹈	2	4
竞技	2	4
身体运动学（Kinestology）	2	4
人类行为（Performance）	2	4
娱乐教育	2	4
娱乐、休闲、消遣服务	2	4
健康、体育、舞蹈	2	4

美国这种多名称共存的现象，说明在美国有关"体育"的上位概念没有明确划分。有时 Physical Education 是上位概念，有时 Sports 是上位概念，有时将两者放在一起作为上位概念，这实际上并没有上位概念。

亚瑟·斯廷豪斯博士认为，体育是以适当和适量的身体活动为方法，使人格、个性得到训练的一种体能教育。他强调天天体育，体育不是指任何一项运动、表演或竞赛，身体活动只是一种方法，完整的身体锻炼计划应从小到大，更重要的是从 0~6 岁儿童的身体锻炼。体育工作者的任务是：认清体育对人类具有哪些贡献，将体育的这些贡献用通俗易懂的方式向民众宣传。

布切尔在其著作《体育与竞技运动基础》中提到，体育是一个常常被曲解的名词，所以，有必要在开篇就阐明它的含义。Physical 这个词跟身体有关，与精神相对。当 Education 这个词加在 Physical 这个词后面时，就组成了 Physical Education 这个词组。身体教育指的是与发展和养护人的身体有关活动的教育过程。布切尔认为，身体文化（Physical Culture）这个词在教育中已废弃使用。在 19 世纪末，人们曾将它与其他课程并用，如宗教文化、社会文化。身体文化这个词仍被一些追逐潮流的人在商业广告中宣传达到锻炼的效果时运用。身体文化曾与身体锻炼一词同义，因此可以说健康可以通过各种身体活动得到增强。

《美国百科全书》对体育等有关概念的解释是较为准确的。它指出，体育（Physical Education）是关于人体构造、身体发展的教育，包括人体生理功能、力学原理及其有效运用的研究。这一教育过程在儿童学会基本的有助于身体发展的运动方式后就要开始了；并在儿童时期掌握一些复杂运动方法的过程中持续进行。身体发展教育过程的最后阶段是要培养良好的健身习惯，以帮助制定一种最适宜的身体运动标准。这种最适宜的身体运动标准能够保证体质增强和终身受益[1]。为了实现身体教育预定的目标，就必须寻求适合不同个体的身体运动标准。要找到这个标准，关键在于了解每个人的身体状况，明确认识身体运动对增强体质的作用。

运动竞赛（Sport）一词在美国使用非常广泛，但在英文中 Play 和 Games 二词与 Sport 的含义相近。哈里斯和帕克认为，Sports 是 Games 的一种，比 Games 有更严格的规则，身体活动更多，必须经过专门训练并在观众面前表演。

关于 Sports 与 Games 的区别和联系，《美国百科全书》有明确的论述。人为竞技（Sports）指为了提高身体技能、肌肉力量等各项素质的消遣或娱乐过程。其范围很广，包括个人竞技和集体竞技。

有组织的竞技通常具备一些不同项目、不同特点的规则。现代业余竞技基本上倾向于竞技参与性的休闲与消遣，而职业竞技则是为了让观众饱赏眼福，满足观众的娱乐愿望。竞技在本质上不同于竞技的游戏，有时并不明显[2]。《美国百科全书》指出，玩耍（Play）是娱乐或为消遣而进行的一切活动，包括以玩具进行玩耍、参加竞技运动和观看电视等内容，能够区别人类的其他行为。人们把他们自己的欲望或幻想寄托在玩耍过程中，而不是轻易使自己服从外部世界的需要。

---

[1] 彭贻海，刘聪. 健康中国背景下高校体育教学改革研究[J]. 高教学刊，2020（17）：140-142，146.
[2] 丁铮锴，许水生. 体育教学模式、组织形式和教学方法创新[J]. 中外企业家，2020，679（17）：200-201.

四、英国

《大英百科全书》对体育、竞技及其相关概念的论述与美国具有相同之处，都是把体育与娱乐竞技看成有本质区别又有本质联系的两种活动。

《大英百科全书》特别谈到业余竞技与职业竞技之间的关系问题，认为各项竞技之间的差别主要是来自业余与职业之分，这是一个长期存在的问题。竞技的业余性质与职业性质的争论，随着参加者和观众的增加而显示出的竞技热，也越发激烈起来。但是，这并不是一个新的探索课题。业余竞技与职业竞技的分歧点，关键在于热爱与金钱之间的差距。"业余"一词从拉丁语派生出，或称为"热爱者"。给"业余选手"下个简单的定义，那就是：仅仅为了喜爱竞技而参加角逐的人。而职业竞技则是为了赚钱。也就是说，业余竞技与职业竞技是客观存在的，其业余性质与职业性质的区别也不容混淆。

关于竞技职业化，人们从来就没有吝啬过。相反，职业竞技一直被认为是人们娱乐消遣的一部分。这种职业竞技的娱乐经纪人一般由年长者充当，而运动员则多指职业拳击者。职业竞技实际上存在于法律之外，亦即职业竞技在法律范围内没有其合法地位。自从第二次世界大战后，职业竞技趋向商业化，运动员被集中起来，其管理手段趋向于吸引运动员赚钱。而经办人还美其名曰："反对垄断的弊端。"目前，一些国家如墨西哥的《劳动法》已被重新制定，并且为竞技开"绿灯"，以掩饰竞技职业化、商业化的实质。

游戏是指达到快乐目的的娱乐活动方式，也可指特殊意义上的玩耍活动。特殊游戏主要是指活动性游戏。世界上不同地区的成年人，很欣赏按相同的原则、规则和标准来发展自身。因此，他们从小就开始这种活动性游戏，而且，他们常被组织起来参加有竞争意义的玩耍活动。现在开展最多的活动性游戏就是球类活动，如网球、台球、足球和板球等。非活动性游戏一般分为：男女共同进行的业余消遣游戏，智力促进和社会交际方面的游戏，特别是有奖金或激烈且刺激因素较大的游戏。

纵观世界历史，我们可以总结游戏的如下四个作用：

第一，排除纯粹以动物意识进行游戏活动的参加者，避免紧张、激烈的身体接触性游戏的过度行为。

第二，通过技能的表现，激发观众情绪，为个人和他人带来快乐。

第三，通过场地安排—观众游戏—补偿缺乏参与游戏的机会这一过程，疏通人们感情交流方式。

第四，增加男女在社会场合交往的机会。

综上所述，通过对中国、日本、美国、英国等国家体育概念的比较分析，可以得出以下结论：

（1）体育、竞技及其相关的名词概念在不同的国家尽管有不同的表述，但其内涵是大同小异的。例如，体育这个词在各个国家都有同一意义的表述方式。

（2）同一名词概念在不同历史时期有不同的内涵，或同一社会现象在不同的历史时期用不同的名词来表示。更名现象在各国都有所体现。

（3）概念不清、概念混用现象各国都有。各国学者始终在为命名更准确、更科学尽力工作。

（4）国际体育交流中不规范的用词加深了概念混乱的程度。造成上述混乱局面的原因有如下五个方面：

第一，各国概念的问题，在国际交流中没能相互纠正，而是相互影响，加深了混乱程度。

第二，同一名词在不同的历史时期变换了内容。例如，美国的 Sports 本来是在青少年中兴起的，与 Physical Education 有着不可分割的"血缘"关系。但到了近代，随着商业活动的发达，部分高水平运动员转到了职业活动之中，已与 Physical Education 完全分离。此时再给 Sports 冠以"体育"之名，就显得勉强。

第三，翻译过程中的谬误影响了体育界，特别是体育理论界的概念。造成这种局面，一是因为翻译工作者对体育了解不多，二是体育理论工作者又多用以往的术语将已译出的现成文章作为"原始资料"，再去做文章，形成误上加误的现象。

第四，身体运动形式在功能与目的上的交叉。同一运动形式可能既属于体育范畴，又属于竞技范畴，有时还属于娱乐、职业谋生、医疗、艺术欣赏等内容。例如，篮球运动，学校体育课的篮球运动与美国高水平的职业球员从事的篮球运动，在运动形式上是相同的，但在功能目的上有极大差别。

第五，从不同的角度去观察体育，会得出不同的结论。体育工作者应全面辩证地观察体育，才能更清楚地认识体育的本质。

第二章 学校体育的发展

　　本章对学校体育的发展进行了阐述,主要包括五个方面的内容,分别是我国古代学校体育简况、我国近代学校体育的形成与发展、中华人民共和国成立以来学校体育的发展概况、我国学校体育思想的变迁、学校体育的目标体系。

第一节　我国古代学校体育简况

我国古代学校从奴隶社会就开始出现了，据史料记载，在夏代已有称为"校""序""庠"等不同名称的学校。商代出现了"大学"和"庠"两级施教的学校教育体系。西周时，学校分为"国学"和"乡学"两种，但都是为奴隶主贵族子弟设立，是培养统治者和官吏的学校。当时，文化知识和书籍文献都为官府所垄断，所以说，"学在官府"。奴隶主贵族子弟学校的教育内容是礼、乐、射、御、书、数，称为"六艺"。其中，射、御是军事技能的训练，也具有体育的性质[1]。此外，"乐"中的舞蹈也含有体育的意义。西周以后，在春秋战国时期，我国社会由奴隶制向封建制转变，原来的"学在官府"变为"学在四夷"，兴起私人讲学、办学之风。但是，从西汉到清朝末年，两千余年的封建社会时期，一般学校的教育内容以儒家的"五经四书"为主，偏重德育、智育，教育思想是重文轻武。唐代实行文举、武举分开的科举制度，宋朝开始兴办武学，文武教育于是截然分途。武举制度主要是选拔和训练军事人才，与学校体育无太大关系。明清时期仍用"八股文"的科举取士方法，学校教育更是局限于埋头读书、背书、写字、做八股文章。清朝末年，我国学习日本和欧美各国，开办近代新式学校，在这些学校中才开始有了体操（相当于体育）的教育内容，社会上也才开始有了西方式的体育活动。

纵观我国的古代学校体育，虽然起步较早，但步履蹒跚。在整个封建社会中，受重文轻武思潮的影响，学校体育始终未能在学校教育中取得应有的地位，甚至基本被排除于学校教育之外，最终导致学校体育在我国古代没有得到应有的发展。

---

[1] 李鑫，练招辉. 探究生态体育的产生与发展[J]. 河南教育（中旬），2012（9）：41-42.

第二节　我国近代学校体育的形成与发展

　　1840年鸦片战争以后，由于帝国主义列强不断入侵，广大中国人民为反对侵略、反对封建统治而不断起义，使清王朝内外交困，面临灭亡。统治阶级中的一些大官僚、大军阀，为了挽救他们的统治，推出了具有进步意义的洋务运动。在教育方面，他们主张学习西方，兴办西学，开始创办新式学堂，包括军事学堂，并把体育引进这些学堂中，把体操规定为学堂的学习课程，内容主要是瑞典式、德国式、日本式的普通体操、兵式体操和游戏等。在学校中，他们开展了以西方近代体育为主的各种体育活动，从而使中国近代学校教育首次出现了体育课程和体育活动。虽然，当时洋务派办的西式学堂极少，但是，对近代体育在我国的传播起到了不可忽视的作用。

　　甲午战争后，洋务运动失败，继而兴起的是改良主义的维新运动。虽然百日维新运动最终宣告失败，但以康有为、梁启超、严复等为代表的维新派积极提倡西学，大量介绍西方的科学文化教育等知识，认为各级各类学校都应重视儿童少年身体的发育与健康，强调了体育在学校教育中的地位和作用。这对我国学校体育的发展产生了深远而巨大的影响。

　　1893年，没落的清政府为了维护其摇摇欲坠的封建政权，在推进"新政"的过程中颁布了《奏定学堂章程》。该章程规定各级各类学堂中都设立体操科，小学堂每周3学时，中学堂每周2学时，高等学堂每周3学时。这一新学制的执行，使近代学校体育得到普遍实施，结束了我国两千多年来学校教育中基本没有体育的历史。

　　辛亥革命后，当时的政府对学校教育采取了一些革新措施，但在体育方面并无根本改变，仍沿袭清末以兵操为主的体操科。同时，受到教会学校和基督教青年会的影响，许多学校在课外开展以球类和田径为主的活动和竞赛，比较注重活泼、愉快、机智的运动。由于课内和课外两种明显不同的体系，形成了学校体育的"双轨现象"，这种现象直至1922年学制改革后才逐渐消除。

　　新文化运动是一场伟大的反对封建文化的运动，在这场运动的推动下，我国学校体育也进入了一个新的发展时期。

新文化运动时期，教育思想空前活跃。用先进、科学的观点论述体育的思想也陆续出现。其中，最杰出、最具代表性的论述体育的理论文献，是毛泽东同志1917年在《新青年》上发表的《体育之研究》一文。这篇文章用辩证唯物主义的观点，对我国体育以及学校体育的现状做了深刻的分析和尖锐的批评，并对体育的意义、锻炼的原则等诸多问题作了精辟的论述，强调学校教育必须将德、智、体三育并重发展，这对促进我国学校体育改革有着十分重要的意义。除此之外，恽代英的《学校体育之研究》也极具代表性。

1922年，《壬戌学制》受实用主义教育思想的影响，参照美国"六三三学制"的形式并结合我国实际制定，是自新文化运动以来我国教育改革的总成果。

1923年，《新学制课程标准》的公布，正式将学校"体操科"改为"体育课"，废除了原来的兵式体操，改为以球类、田径、游泳、普通体操等近代体育项目为主的教学内容，并纳入了生理卫生和保健知识。这是我国学校体育史上一个新的里程碑。随着我国学校体育的重大改革，对体育教学规律和方法的探索及研究也受到了体育教师的重视。当时较为流行的即为"三段教学法""单元教学法""分类教学法"等。这些方法虽然只是部分教师的初步尝试，其中还有不少缺点，但毕竟为学校体育的改革注入了新的活力。

在这个时期，学校课外体育活动及校内外运动竞赛比过去更加活跃，同时，女子体育也有了很大发展，并逐步开始重视对体育师资的培养。当时最为典型的是"南京高等师范学校体育科"和"北京高等师范学校体育科"，这两所学校在培养体育师资方面比过去有很大的改进，从而使我国对体育师资的培养逐步完善并走上正轨。

1927年，国民党政府一度为加强学校体育的管理，成立学校体育的领导机构，先后颁布了众多学校体育法令，并在此基础上公布了《各级学校体育实施方案》，这是我国近代史上第一个比较全面的学校体育实施方案。与此同时，当时教育部还聘请国内外一部分体育专家，编写了各种体育教材和教学参考书，培养了大批体育师资。这对我国近代学校体育的发展起到了积极的作用。

1941年创建的延安大学体育系，为解放区培养了一批体育干部和师资，使革命根据地的学校体育有了很大发展，也为中华人民共和国学校体育的开展奠定了基础。

第三节　中华人民共和国成立以来
学校体育的发展概况

1949年10月，中华人民共和国的成立揭示了中国历史崭新的体育从此进入了一个全新的发展阶段。

中华人民共和国成立之始，党和政府就非常重视学校体育工作，十分关心青少年学生的身体健康。早在1950年和1951年，毛泽东两次作出"健康第一"的指示。1951年7月，中华全国学生第15届代表大会的决议中提出"要积极开展学校中的体育和文化娱乐活动，努力改进全国同学的健康状况，要使每一个同学都具有强劲的体魄，能够胜任紧张的学习和繁重的工作。为了适应祖国国防建设的需要，应该注意搞好军事体育活动。①"

特别是1951年8月，中央人民政府政务院发出了《关于改善各级学校学生健康状况的决定》。1953年，毛泽东同志又将"身体好"作为三好学生的第一条，更强调了提高学生健康水平的重要性，对纠正轻视学校体育、忽视学生健康的状况起了重要作用。

为了加强对学校体育的领导，1952年，中华人民共和国教育部开始设立体育处，国家体委设有群众体育司和学校体育处。此后，各省市、自治区于1953年相继在教育行政部门设立体育机构，使学校体育的发展有了组织保证。1952年，教育部和国家体委联合颁布了《学校体育工作暂行规定》，明确指出我国学校体育的基本目标是"促进学生身心发展，增强体质，并对学生进行道德品质的教育，使他们能很好地完成学习任务，从事社会主义建设和保卫祖国"，从而使我国学校体育的开展有了明确的目标。为了达到这一目标，教育部于1952年在《各级各类学校教育计划》中正式规定，从小学一年级到大学二年级均开设体育必修课，每周2学时。1953年5月，教育部发出《关于中学体育成绩暂时考查办法的通知》，指出体育课是中学课程的一科，其成绩与其他各科成绩相同，按一门学科计算。为了提高体育课的教学质量，1953年，教育部组织翻译了苏联十一年制体育教学

---

① 刘京，周佳彤，徐亚龙，等.从体育的产生和发展谈体育科学对社会发展的影响[J].菏泽学院学报，2012，34（2）：3.

大纲，向全国体育教师进行了介绍。

为了推动我国群众体育，特别是青少年儿童积极参加体育锻炼的发展，国家体委于1954年在参照苏联模式并结合我国国情的基础上，制定并公布了《准备劳动与卫国体育制度》（以下简称《劳卫制》），并要求学生在毕业时，必须达到最后的一级标准。这一制度的实施对我国学校体育的开展起到了重要的推动作用。针对中华人民共和国成立之初体育教师数量不足、质量不高的问题，党和人民政府采取了一系列措施，于1952年创办了中国历史上第一所体育学院——华东体育学院（1956年改为上海体育学院）。此后，全国先后在北京、中南、西南、西北等地办起了6所体育学院，创办了11所体育学校和中等体育专科学校，并在38所高等院校设立了体育系，同时加强了对在职教师的业余进修，进而缓解了体育教师严重不足的问题，提高了师资的质量。总之，学校体育在中华人民共和国成立后短短几年间得到了前所未有的迅速发展。

1956年，编辑出版了我国第一部中小学体育教学大纲，并于1957年出版了中小学体育教学参考书，从而使体育教学工作有了统一的规范要求。

1961年，人民教育出版社组织人力、物力，及时编辑出版了中小学体育教材。第一次明确提出，学校体育应以增强学生体质为指导思想，根据我国国情把教材分为基本教材和选用教材，以满足各地不同的要求，从而促进体育教学质量的进一步提高。特别是1963年，教育部在北京召开了各省、自治区、直辖市教育厅（局）体育干部座谈会。会议讨论了中小学如何搞好体育、卫生工作，重点试用中小学体育教材，提高教学质量，积极开展各种活动和运动竞赛，以及提高在职教师的业务水平等一系列问题，推动了学校体育工作的发展。

改革开放后，国家加强了体育的法规制度建设，相继颁布、实施了一系列学校体育的法规制度。1979年5月，在扬州召开了"全国学校体育、卫生工作经验交流会"，这标志着我国学校体育卫生工作开始进入科学管理阶段。

同年10月，教育部和国家体委联合下发了《高等学校体育工作暂行规定》（试行草案）和《中小学体育工作暂行规定》（试行草案）。两个体育工作暂行规定对学校体育工作的基本任务、内容和学校体育工作成绩的评定做了明确的规定，对体育课教学、体育场地、器材、体育教师、组织领导、教学与科研等工作做了规定。在经过近10年试行的基础上，1991年3月13日，经国务院批准颁布了《学校体育工作条例》，从而使我国学校体育工作开始真正进入法制化轨道[①]。为了保证《学校体育工作条例》得到更好的实施，原国家教委分别制定了大、中、小学生体育合格标准。自1992年起在全国9省市试行初中毕业生升学体育考试，在试行成功的基础上，于1998年在全国试行。1992年，教育部和国家体育总局联合颁布《学生体质健康标准》，且开始在全国大部分学校实施，进一步落实"健康第一"的指导思想。总之，这些法规的颁布和新举措的实行，对推动我国学校体育工作的开展具有深远的战略意义。

学校体育科学研究得到重视，学术气氛空前活跃。为了加强学校体育的科学研究，我国相继成立了中国教育学会体育研究会、中国高等教育学会体育研究会和中国体育科学学会学校体育研究会以及十几个学校体育科研机构，并创办了《中国学校体育》和《体育学刊》等杂志，出版了一批专著和教材。1983年，在苏州召开了首届全国学校体育论文报告会，至此全国性的学校体育学术报告会和研究会已召开多次，并广泛开展了学校体育的国际交流，学术气氛十分活跃。

随着学校体育改革的深入，体育教学改革方兴未艾。为了进一步改革体育教学，1978年国家重新制定并颁发了全日制十年制中小学体育教学大纲和教材。这套大纲和教材在总结以往经验和教训的基础上，有了突破性的进展，对我国体育教学的改革起到了重要的推动作用。1987年，这套大纲和教材曾进行了修订，并在此基础上于1993年颁发了九年制义务教育体育教学大纲和教材。1997年，《全日制普通高级中学体育教学大纲》（试验）也在部分省、市高级中学试行。教育部对全国普通学校也颁发了体育教学指导纲要，近20个省、自治区、直辖市在此基础上结合本地区实际编写了体育课本和参考书。为了深化体育教学改革，各地普遍进行了各种模式的体育课改革实验，体育教学模式逐渐变得多样化。近几年，我国还进行了体育教育与健康教育相结合的改革尝试，使体育课的教学质量有所提高。

为了提高我们国家的体育运动水平，为国家培养大批优秀的体育后备人才，我国已初步形成了"一条龙"的学校课外运动训练体制。目前，全国已有26 000多所体育传统项目学校，并在109所高等院校组建高水平运动队，同时，在部分

---

① 王博文.试析休闲体育产生和发展的社会学动因 [J].琼州学院学报，2010，17（2）：71-73.

学校筹建中国学生体育训练基地，大大提高了学校体育运动的技术水平。

在课外体育活动方面，组织形式更加多样，内容丰富。《国家体育锻炼标准》切合实际，灵活性大，易于推广，因而推动了课外体育活动的开展。目前，学校运动竞赛十分活跃，从全国到省、市以及学校的运动会已基本形成制度。

为了加强对体育师资的培养，从根本上解决我国体育师资严重不足的状况，党和政府采取了多种措施。在有条件基础的师范院校和综合性大学建立体育系，同时增加现有体育系、科的招生名额，在中等师范学校增设体育班，并举办了不同类型、不同层次的函授班、进修班等，加快对体育师资的培养，以满足社会的需要。与此同时，我国还培养了一批体育硕士生和博士生来充实学校师资队伍，使我国体育师资短缺的状况得到了一定的缓解，师资质量明显提高。

为了进一步调动体育教师的积极性，稳定教师队伍，我国主管部门和新闻单位于1980年在全国范围内开展了评选优秀体育教师的活动，于1990年举办了全国农村优秀体育教师的评选活动，通过两次评选活动不仅树立了先进典型和学习榜样，而且使全国人民增加了对体育教师这个职业的了解，提高了体育教师的社会地位。

体育场馆器材设备是保证体育教学和课外体育活动正常进行的必不可少的物质条件。至今，全国各级各类学校采取了多种措施来积极改善学校体育的物质设备条件，特别在经济发达地区，不少中小学已有了标准的田径场、体育馆、游泳池，并增添了大量体育器材。一些经济比较落后的地区本着勤俭节约、自力更生的精神，因陋就简、就地取材，自制简易器材设备，缓解了场地器材不足的问题。1990年，国家教委印发了《中小学体育器材设备配备目录》，更促使各地对学校体育器材设备的投资，以及进行规范化建设。

中华人民共和国成立以来，我国学校体育取得了丰硕的成果。但我们应清醒地认识到，学校体育发展还很不平衡，整体水平还不够高，在学校体育改革的征途中还有不少困难和问题需要解决，还要深入研究，使学校体育有更大的发展。

第四节 我国学校体育思想的变迁

一、我国学校体育思想的启蒙

我国学校体育思想启蒙于清王朝末年的资产阶级改良主义运动时期。当时，由于清王朝的腐朽统治，国内民不聊生，国外列强欺压。以康有为、梁启超、严复、谭嗣同等为代表的一批有识之士欲通过改良的办法，使中国富强自立。他们努力寻求救亡图存的道路，在教育上主张"废八股、兴西学"，提出对学生要进行"德教、体教、智教"的全面教育观点，认为"体育是教育中不可缺少之物"。其中，康有为在其《大同书》中，根据少年儿童的身心特点，提出了各年龄段身体发展的要求。对婴儿要注意"嬉戏安息如何合儿神，务令得宜以壮儿体"；对小学生，"专以养体为主，而开智次之。令功课稍少而嬉戏较多，以动荡其血气，发扬其身体"；对中学生，由于"身体尚弱"，故仍需"养体"；对大学生，仍应"亦重体操，以行血气而强筋骸"。维新派从德、智、体全面发展上宣传体育，为以后学校体育的实施创造了思想条件[①]。

二、我国学校体育思想的初步形成

从清朝末年到中华人民共和国成立初期，中国学校体育思想在移植与借鉴的道路中已走过了半个多世纪。其间，我国也曾提出过自己的思想主张，例如，在1937年前后提出的"国粹主义学校体育思想"。该思想过于强调民族传统体育的价值和地位，盲目地排斥现代体育项目，因此，从产生之初，它便由于其狭隘的民族主义思想而受到局限，更因当时中国特殊的战乱背景，所以未对我国学校体育的发展产生多大的影响就走向了没落。

从1961年《文汇报》《体育报》中开展的关于体育教学目的的讨论，以及在同年出版的《体育理论》讲义、中小学体育教材（含教学大纲）和1963年出版的中专《体育理论》讲义中，我们可以看到此次本土化努力的一些成果。例如，

---

① 杨杰. 陶行知体育观运用于高职体育教育的研究新探[J]. 体育世界（学术版），2020（1）：131，135.

明确提出学校体育的目的首先是从增强体质出发,并对"体质"的内涵作了说明;运用矛盾学说来认识身体发展与掌握技能的关系,普及与提高的关系;重估并确立中国传统体育在学校体育中的地位与价值,把武术列入教材等。

1978年十一届三中全会后,我国学校体育思想建设进入了一个全新的时期。我国教育界、体育界有识之士从提高民族体质的角度出发,大声疾呼关心学生体质。一些学者本着增强体质的理论基础,进一步提出了"体质教育"的学校体育思想。该思想强调学校体育应以"发展学生身体、增强学生体质"为主导。至20世纪80年代中期,该思想"基本形成相应的理论体系"并主导着当时学校体育的发展。

"体质教育"思想以"体育的真正意义在于增强人的体质,完善人的身体"为前提,提出体育的科学化必须从以运动技术教学为中心转移到增强体质为中心上来,进而对学校体育的地位、属性、功能、目标、内容方法等诸多问题进行演绎判断,形成了自己独立的思想体系。

中国学校体育思想自"本国民"思想引进以来,在近1个世纪的坎坷沉浮中,于20世纪80年代前期以"体质教育"思想的确立为标志,初步形成了独立的思想体系。尽管该思想随后就受到"三维体育观"的猛烈批判,并被打上"生物体育观"的烙印,但它在我国学校体育思想发展过程中的价值与历史地位是不容忽视的。事实上,在"三维体育观"提出后的相当长的一段时期内,我国学校体育的实践体系,仍然是在"体质教育"的思想框架内发展。自"体质教育"思想之后,在"三维体育观"及"以人为本"的教育思潮等影响下,我国学校体育思想的发展进入了一个非常活跃的时期,出现了多种思想相生共存的局面。到目前为止,形成的比较有代表性的思想有"技术教育"("三基"教育)思想、"快乐体育"思想、"全面教育"思想、"终身体育"思想等。

三、我国学校体育思想的未来发展

随着我国改革开放的不断深入和社会主义市场经济体制的逐步确立,我国教育和体育体制的改革将更加深入,新的教育和体育理念对学校体育在思想上有了新的要求。未来学校体育思想将表现出以下发展趋势:

(一)以为素质教育服务为主线

《中共中央 国务院关于深化教育改革全面推进素质教育的决定》提出:"学

校教育要树立健康第一的指导思想。"学校体育要贯彻"健康第一"的教育指导思想，充分发挥学校体育在素质教育中的作用，必然伴随着思想观念上的更新。

1. 在时空观层面，拓展学校体育的"界限"

首先，增强未来意识是学校体育的重要观念。对学校体育的价值认识，无论从社会角度还是从个体角度，都将远远超出学习阶段而扩展到未来需要。其次，现代健康观念促使学校体育不仅重视与卫生保健相结合，还关注学校体育与社会、家庭的"一体化"；学校体育不仅注重自身的运动，还要注意与社会环境、自然环境的联系，培养学生健全的人格、健康的心理。

2. 在学生观层面，更加重视学生的"主体性"

体育不能仅理解为让学生学到什么知识、技术或技能，而是要通过体育活动过程中的体验，最终形成相对稳定的主体意识并转化为行为方式。因此，尊重学生的选择、激发学生的动机和热情、培养学生自发自主从事体育活动的能力和习惯，是学校体育的必然趋势。

3. 在活动观层面，对"体育运动"将有更深刻的理解

"运动"对人的作用不仅有显性的、直接的、即时的，还有隐性的、间接的和长期的。在强化"运动"对人的身心全面发展、加速"社会化"作用之后，"运动"的休闲娱乐、提高生活质量的作用，随着时代进步将日益凸显。因此，学校体育的设计转向对多种运动方式的关注和学校运动的创新，使"运动"真正组成多项相互作用的有机整体，并将满足学生参与体育的需求，以此作为选择"运动"的基本出发点。

（二）关注学校体育的文化使命和人文价值

学校体育最基本的职能之一就是传递文化。学校体育传递文化，按传统的理解是以课程方式编制的教学内容，传递体育运动的知识、技能。然而，"作为社会文化现象的体育运动，它绝不是超然于人类社会生活之外的简单肢体运动，以及不能只限于知识、技能的传递，而必须肩负起现代发展所提出的体育文化使命"[1]。

---

[1] 冯火红. 活动类体育课程产生背景及发展过程研究[J]. 辽宁体育科技，2001（3）：2.

第五节 学校体育的目标体系

一、学校体育目标的内涵

（一）学校体育目标的概念与作用

目标或者目的是指人们想要达到的境地或标准，是人们通过努力，期望所要达到的结果。学校体育目标是指在一定时期内，学校体育实践所要达到的结果。它是学校体育指导思想的具体体现，是我们开展学校体育工作的出发点，也是我们评价学校体育工作效果的重要依据。学校体育目标制定得正确与否，一方面直接关系到学校体育内容、方法和手段的选择与运用；另一方面关系到学校体育的发展方向，影响着人才培养的质量和规格。学校体育的改革，首先应该是目标的改革，因为其对学校体育的整体改革具有指导、定向、激励、定位、标准等重要作用，对评价学校体育各项工作实施的效果有着非常重要的意义。

（二）学校体育目标的层次

学校体育目标是一个多层次的、完整的系统，按照不同的分类方法，可以将它划分为不同的层次和类型。

学校体育的目标按照结构，可分为总体目标和子目标；按照时间序列，大致可分为长期目标、中期目标和短期目标；按照学段，可分为学前教育阶段体育目标、初等教育阶段体育目标、中等教育阶段体育目标和高等教育阶段体育目标；按照性质，可划分为条件目标、过程目标和效果目标等。

为了更清楚地理解学校体育的目标体系，可以将上述分类方法进行综合运用。总体上，学校体育的目标可分为两个层次：第一层次，学校体育的总目标；第二层次，学校体育的条件目标、过程目标和效果目标。

第二层次还可以进一步细分。例如，过程目标还可以分为体育教学目标、课外体育锻炼目标、课外运动训练目标、课外运动竞赛目标、体育科研与管理目标，条件目标还可以分为管理条件目标、师资条件目标、场地器材条件目标、资料文献条件目标，效果目标还可以分为学生体质健康目标、学生能力发展目标、学生体育态度培养目标、体育人才目标和科研成果目标等。这些目标还可以分解成更具体的目标。子目标与子目标之间、子目标与总目标之间相互联系，共同构成学校体育的目标体系。

二、确定我国学校体育目标的理论依据

确定我国学校体育目标，必须以学校体育内部所固有的特性为依据，反映社会、学校及学生个体的现实与发展需要，并考虑实现目标所需要的基本条件。

（一）学校体育的基本功能

学校体育的功能是学校体育价值的体现，在制定学校体育目标时，首先要考虑学校体育的目标是否能通过学校体育自身的价值与作用来实现，这是确定学校体育目标的出发点与基础。否则，学校体育的目标便缺乏可行性和逻辑性，也不利于充分发挥学校体育的作用，使目标的实现成为可能。

（二）学生个体发展的需要与不同年龄阶段学生身心发展的特征

学校体育的主体是学生，学校体育应该始终不渝地把培养人、促进学生个体身心协调发展作为首要目标。

新世纪学校体育的目标应该充分体现学校体育的"四发"功能，即发挥人的价值、发掘人的潜能、发展人的个性和发挥人的力量。

过去，我们在确定学校体育的目标时，很少从学生的角度来考虑，更多的是反映国家和社会的需要。人们总是将国家和社会发展的要求放在第一位，而把人的个体发展的要求放在第二位，这显然不适应当代学校教育和学校体育发展的潮流。实际上，个体发展的需要与社会发展的需要并不矛盾。

强调个体的发展正是为了社会的发展，因为人的全面发展是社会发展的本源和基础，只有个体素质全面改进与提高，才能使社会和谐、健康、持续稳定地发展。

另外，从学前教育到高等教育，学生的年龄相差很大。因此，在制定各个教育阶段的体育目标时，还要充分考虑不同年龄阶段学生生理和心理发展特点以及基本规律，以提高目标的科学性和针对性。

（三）社会发展的需要

学校体育的目标必须反映社会发展的需要，主要表现在两个方面：一方面，学校体育要在最短的时间内实现和促进学生个体的社会化，尽快使学生个体由生物人成长为社会人，并逐步适应社会生活；另一方面，社会的发展对人才不断提出新的要求，学校体育的目标也必须不断主动地适应这种新的要求[①]。

当前，我们正处于人类社会继工业经济时代后一个全新的社会经济形态——知识经济时代，这个时代的典型特征就是人类生产活动的重心将由物质生产转向知识生产，知识的创新和进步将成为社会发展和影响人类生活的最重要的因素。知识经济时代需要大量具有创新意识和创新能力的人才，学校体育必须尽最大可能来满足这一时代的需求。

（四）学校教育和国民体育发展的需要

学校体育既是学校教育的重要组成部分，又是国民体育的重要组成部分，这一固有属性决定了学校体育的目标必须与学校教育和国民体育的目标相一致。这种一致性，并不是简单地叠加或重复，而是需要我们分析和研究学校体育与二者的结合点。首先，学校体育与学校教育的结合点在于对象相同，学校体育的目标必须在如何培养人上与学校教育的目标相一致。其次，学校体育与国民体育的结合点从时空上来看是时间阶段，即学校体育是国民体育的起点和基础。因此，学校体育的目标实际上是国民体育的一个阶段目标，这个阶段目标拥有比较强的基础性特征；学校体育既要为个体的终身体育奠定基础，也要为竞技体育提供广泛的人才基础。

（五）学校体育的环境和条件

确定我国学校体育的目标还必须考虑现阶段我国的基本国情，参考我国大多数学校体育的环境和条件，如师资、场地、器材、经费等；同时，还必须结合学校教育和学校体育的发展趋势，对未来学校体育的中期和长期目标作出适当的安排。

---

① 花蕊.我国学校体育教育的式微与应对研究[J].江苏建筑职业技术学院学报，2019，19（4）：5.

三、我国学校体育的目标

（一）学校体育的总目标

基于以上分析，当前我国学校体育的总目标是：发掘学生的身心潜能，增强学生体质，增进学生健康，促进学生身心和谐发展；培养学生从事体育运动的态度、兴趣、习惯和能力，为终身体育奠定良好的基础；促进学生个体社会化，培养学生良好的思想品质，使其成为具有创新精神和创新能力、德智体美全面发展的社会主义建设的合格人才[①]。

上述我国学校体育的总目标，体现了学校体育的本质特征，反映了当前我国社会、教育体育发展的要求和学生个体的需要，也比较符合当前我国学校体育的实际，具有比较高的科学性和可行性。

（二）学校体育的效果目标

为了保证学校体育总目标的实现，应该达到以下效果目标：

1. 增强学生体质，增进学生健康

各年龄阶段的学生正处于迅速生长发育的时期，学校应该有目的、有计划地通过各种体育活动来促进学生身体的正常发育，使学生在身体形态、生理机能、身体素质和身体基本活动能力等方面得到全面发展，增强学生对自然环境的适应能力和对疾病的抵抗能力。这不仅对青少年学生个体的成长具有重要的作用，而且对改善和提高全民族的体质健康也具有深远的战略意义。

近年来，我国青少年学生的体质在某些方面出现了不同程度的下滑现象，其中的原因固然是多方面的，但与我们学校体育工作也有一定的关系。因此，在今后相当长的一段时期内，增强学生体质、增进学生健康仍然是学校体育工作的一个重要目标。

2. 增加学生体育文化素养

学校需传授体育运动、卫生保健、健康生活的知识、运动技能和健身方法，使学生具有一定的体育文化素养。一定的体育知识、原理和方法，不仅可以提高

---

① 张新安. 试论体育产生和发展的生产力机制：体育产生、发展必然性探析 [J]. 河南师范大学学报：自然科学版，1999，27（1）：6.

学生的体育认识和参加体育活动的积极性和自觉性，还可以为他们参与体育活动提供科学的指导，这些原理和方法将使他们受益终身。

3. 培养对体育的兴趣、习惯和能力，为终身体育奠定基础

终身体育的指导思想是当前我国学校体育的主导潮流。终身体育实际上强调了人的一生，包括婴儿期、幼儿期、少年期、青年期、壮年期、中年期和老年期各个发展阶段与体育的关联，这种关联是通过家庭体育、学校体育、社会体育和个人自主体育这四者之间的紧密衔接来实现的，无论是对个体的成长还是对社会的发展都具有非常重要的意义。终身体育既是现代社会发展的要求，也是体育的最终目标。对体育的兴趣、爱好及养成体育锻炼的习惯，是形成终身体育的重要因素，也是实施终身体育的重点。学校体育和终身体育的联系是通过"兴趣"和"能力"的桥梁来实现的。学校体育的重点应该更多地放在如何培养学生对体育的兴趣和能力上，在培养兴趣和能力的基础上，通过长期技术技能的学习，学生就会形成稳定的体育价值观和积极的态度。有了良好的体育价值观和态度，学生才能积极参与体育锻炼，并且终身受益于体育。学生可以因人、因时、因地，创造性地去选择适合自己的健身方法和手段，以满足他们终身体育的需求。

4. 促进学生个性全面发展，培养健全人格

促进学生个性全面发展也是学校体育的重要目标之一。要结合体育的特点，在各种形式的体育活动中对学生进行品德教育，使学生的个性和人格都得到充分发展。要通过体育提高学生的社会责任感和群体意识，培养他们热爱集体、遵纪守法、团结合作、勇敢顽强、创造开拓等品德和作风，为将来适应社会生活奠定良好的基础。

5. 发展学生的运动才能，提高学生的运动技术水平

学校是各种运动人才的摇篮，学校要善于发掘有运动天赋和运动才能的学生，并在课余时间对他们进行运动训练，以提高他们的运动技术水平。有条件的学校还应该组织具有本校特色和传统的高水平运动队，一方面可以丰富校园文化生活，另一方面也可以为运动队或俱乐部输送后备人才。

当然，上述效果目标在各教育阶段的侧重点和要求是不同的，应该根据各教育阶段体育的特点来区别对待。

四、实现学校体育目标的组织形式与要求

（一）实现学校体育目标的组织形式

学校体育的目标是通过体育（与健康）课程和课余体育活动这两条基本途径来具体贯彻实施的。学校体育的这两条途径也是学校体育的核心工作和环节，具有全面实现学校体育目标的作用。由于体育（与健康）课程和课外体育活动各自的特点不同，因而其在实现学校体育目标的过程中所发挥的作用具有各自的侧重点。

1. 体育（与健康）课程

除了学前教育阶段和高等教育阶段的研究生教育，体育（与健康）课程都是学校教学计划中规定的必修课，是学校体育的基本组织形式，承担着对学生进行系统的体育教育的重任。各个教育阶段所开设的体育（与健康）课程都有相应的课程标准或教学大纲或教学指导纲要，按一定的班级授课，并有专门的体育教师和一定的场地器材设备作保证。体育（与健康）课程是学生毕业、升学的考试科目之一，每学期或学年都要对学生进行相应的考核。

2. 课外体育活动

课外体育活动是指体育（与健康）课程之外的一切体育活动，其内容是极为丰富的，主要包括：体育锻炼，如早操、课间操、个人体育锻炼和班级体育锻炼等；课外运动训练；运动竞赛以及校外的社区体育活动和家庭体育活动等。课外体育活动也是学校体育的重要工作，对培养学生的体育兴趣、态度，丰富学生的课余生活，提高学生的运动能力和独立锻炼身体的能力，发现和培养运动人才等具有重要的作用和意义。

（二）实现学校体育目标的基本要求

就整体而言，组织开展学校体育的各项工作要以《体育法》《学校体育工作条例》《学校卫生工作条例》《学生体质健康标准（试行方案）》为依据，结合学校的具体实际，以保证学校体育目标的顺利实现。在具体工作过程中，应注意以下基本要求：

1. 协同学校教育，面向全体学生

学校体育是全面发展教育的重要组成部分，因此要正确处理好学校体育与德

育、智育、美育以及劳动技术教育之间的关系,"充分发挥它们对学校体育的积极作用和影响,共同完成为现代化建设培养全面发展人才的任务"[①]。

学校体育要面向全体学生,保证全体学生都享有体育的权利。要创造一切条件,组织和动员全体学生参加各种形式的体育活动,以满足学生的不同体育需求。对于少数有生理缺陷或疾病的学生,要尽可能地安排他们进行适当的保健体育、医疗体育或矫正体育活动,以提高他们的健康水平。对于部分有一定运动才能和天赋的学生,应从学校实际出发,在课余时间安排他们进行适当的运动训练,以提高他们的运动技术水平。

2. 课内与课外相结合

体育(与健康)课程和课外体育活动如同学校体育工作这枚"硬币"的正反两面,二者相辅相成,有着必然的联系。一方面,体育(与健康)课程所传授的知识技能、方法等可以为课外体育活动的开展奠定一定的身体和运动技能基础,并提供理论与方法指导;另一方面,学生通过课外体育活动,可以进一步巩固在体育(与健康)课程中所学习的内容,而且随着运动能力的提升,学生对体育的兴趣将会越来越浓厚,这些都将反过来对体育(与健康)课程的学习效果产生积极、正面的影响。

总之,体育(与健康)课程和课外体育活动两者的关系如果处理得当,它们之间就可以产生相互促进、相互加强、互为补充的积极作用。

3. 营造良好的学校体育环境

学校体育环境是指开展学校体育活动所需要的物质、制度和心理环境,如校园、校舍、各种体育场地、器材、各种学校体育规章制度、学校体育的传统与风气以及师生关系等。实践证明,学校体育环境是学校体育的有机组成部分,对实现学校体育的目标具有重要的意义。优雅的学校体育环境不仅可以引导和激励学生积极参与体育活动,给人以美的享受,而且能够对学生的体育兴趣、动机、爱好、态度等的形成产生潜移默化的影响和作用,从而有效地促进学生的身心健康。

营造良好的学校体育环境,不仅要改善学校体育的物质环境,还要努力构建学校体育的教学系统。学生置身于这种积极向上的体育氛围中,能够在耳濡目染、潜移默化中受到熏陶和感化,从而产生一种春风化雨、润物无声的教育效果。

---

① 徐维耀. 试论体育产生和发展的动因 [J]. 武汉体育学院学报,1989(4):4.

4. 加强体育师资队伍建设

体育教师是学校体育工作的具体实施者，学校体育工作的成败主要取决于体育教师。他们的数量与质量是实现学校体育目标的关键。因此，学校必须大力加强体育师资队伍建设，一方面要努力提高师范体育教育专业的质量，另一方面要加强在职体育教师的业务培训与进修，引领他们积极投身教育改革的浪潮中，认真学习现代教育理论与思想，不断提高自己的理论修养和业务水平，使他们具有高尚的师德、全新的教育观念、多元的知识结构、全面的教育能力和健康的人格等，以适应当代学校体育改革与发展对体育教师的新要求。

5. 加强学校体育科学研究和经验的总结

当前，我国学校体育正处于急剧的发展变革阶段，实践中出现了大量的理论和实际问题，需要通过科学研究加以解决，这不仅关系到学校体育改革的成败，也关系到学校体育在未来的发展走向，对学校体育的可持续发展有着重要作用。在开展学校体育工作时，要注意及时总结工作中的各种经验，并将之上升到一定的理论高度，以便在实践中加以推广。同时，还要善于抓住一些学校体育实践中亟待解决的重要课题进行研究，力争以科研上的突破来带动学校体育的改革向纵深发展。

第三章　体育精神

　　我国通用的体育理论教科书一般认为，体育教学的目的是增强学生体质，与德育、智育相配合，促进学生身心发展，培养德、智、体、美、劳全面发展的社会主义现代化事业的建设者和接班人。我们认为，体育不仅是强身健体的一种手段，而且是全面塑造人的一种文化。学校体育教学除了传统的工具价值，更应该注意挖掘其内在的文化价值，因此培养学生的体育精神是体育教学的任务之一。

　　本章共包含三部分内容，分别为体育精神的内涵、体育精神的作用、体育精神培养的途径。

第一节　体育精神的内涵

要把培养学生的体育精神作为体育教学的任务，必须先搞清楚什么是体育精神。体育首先是一种文化现象，而任何文化现象（从广义的文化到狭义的知识）的灵魂都是一种独特的精神，体育文化的灵魂就在其独特的文化精神即体育精神之中。所谓体育精神，就是在体育运动这种社会文化现象中表现出来的、体现体育运动本质和特点的精神活动，是人的精神风貌的重要组成部分，是一种催人奋进的崇高的人类精神。它至少应该包括以下四个方面的内容：

一、自强不息的拼搏精神

自强不息的拼搏精神是人类为实现自己的崇高理想而不断奋斗的精神，是尽自己的最大努力不断向新的高峰攀登的精神，是永不满足不断超越自我的精神。中国女排之所以能给人们无穷的力量，靠的正是这种精神；体育明星之所以比一些总统更知名，靠的也是这种精神；体育之所以风靡世界、经久不衰，靠的还是这种精神。在中国，这种精神也是以儒家为主体的中国传统主流文化所倡导和追求的民族精神，《易·象传》就有"天行健，君子以自强不息"的说法。

二、发展自我的超越精神

体育精神是一种促进人的全面发展的精神，是一种发展自我的超越精神。围棋国手陈祖德把自己为中国围棋事业而献身的经历概括为"超越自我"四个字，集中体现了他对体育精神的深刻领悟。要发展自我，就必须超越自我，只有不断地战胜自身，才能不断地发展自身。这里的超越不仅是指运动成绩的不断刷新，更是指一种不断战胜自我的精神境界，这种境界是每一个优秀运动员必备的品质，也是体育教学中不可缺少的重要因素。我们弘扬先进文化、建设体育文化、培养学生的体育精神，都要把这种依靠自己、战胜自己的体育精神作为核心内容之一，大力弘扬、着力培养。从哲学的层面上说，这种精神同样是一种不依靠任何神秘的外力解放和发展自己的"内在超越"，是人自身追求超越自我过程中最为可贵的一种境界和最为可行的一条道路。它的意义已经远远超出了体育本身甚至体育文化的范畴。

三、"公平友好的竞争"精神

"公平友好的竞争"精神，这是体育竞赛最显著的一个特点，也是体育文化所表现出的一个优点。体育竞赛把战争的激烈残酷和和平的宽松和谐有机地统一于自身，既是激烈的角逐，又是友好的交往，为人类宣泄自身、好胜斗勇的本性找到了最恰当的方式。这种公平、合理、友好的竞争作为一条纽带，把世界不同国家和地区的人们联系在一起，增进了了解和友谊。在体育教学中同样离不开公平、友好的竞争精神。

四、对真善美的追求精神

体育要求真功夫、真本领、真表现，这是它追求的独特的"真"；体育追求人类自身的完美和发展，促进人类文明程度的提高，这是它所追求的"善"；体育把阳刚之壮美与阴柔之秀美有机地统一于自身，它既有艺术美的成分，又有生活美的气息，人们通过对自身的智慧、力量、灵巧、韧性、勇猛和顽强的充分展示，使自己成为一件艺术品，供人们欣赏。体育本身创造着美和美的生活，并借助于美感的强化，表现出一种不屈不挠的英雄气概，给人以力量，这就是体育对真善美的追求。

第二节 体育精神的作用

体育精神是一种促进人的全面发展、激励人们奋发向上的超时代、跨国界的人类精神。培养有理想、有道德、有文化、善于创造、守纪律的社会主义现代化建设人才，是我国高等教育的目的，而德、智、体、美、劳全面发展则是这一目的的具体体现。培养学生的体育精神有助于学生全面发展，可以使学生的精神面貌改观，可以使学生的身心得到健康的发展，有助于培养学生崇高的生活情趣和正确的人生态度，这是体育在现代教育中不可替代的作用。

弘扬体育精神是一切体育事业的崇高目的，当然也应该成为体育教学的目的。以奥林匹克精神为代表的体育精神，是全人类共同的精神财富，是一切体育事业中最崇高的精神，一切体育工作者都有责任弘扬体育精神、培养体育精神，学校体育当然也不例外，大学应该成为培养体育精神的重要场所。

培养学生的体育精神是完成体育教学任务的必然要求。体育教学的基本任务是：以人为本，牢固树立"健康第一"的指导思想，全面锻炼学生身体、增强体质；学习和掌握体育基础知识、基本技术和基本技能；对学生进行思想品德教育。其中任何一项任务都与培养学生的体育精神有关，如果不注意培养学生良好的体育道德和组织纪律性，不注意培养学生正确的人生观、审美观、竞争观，不培养学生的体育精神，体育教学的基本任务就不可能完成。

第三节 体育精神培养的途径

（一）理论课的讲解

在体育课的教学中培养学生体育精神，需要通过理论课的教学向学生讲清楚什么是体育精神和怎样自觉地培养体育精神。这样的理论课除在学期开始时安排一次，还应在期中和期末各安排一次，以便结合教学实践，生动形象地讲解体育精神的丰富内容。这就要求体育教师不断提高自身的体育文化素养，丰富自己的体育文史和理论知识，并善于通过自己的教学活动不断向学生灌输这些知识，讲解这些理论，传播优秀体育文化。

（二）技术课的实践

技术课教学应成为培养学生体育精神的主要实践过程。教师通过技术课的讲解、示范、组织练习等具体形式，将体育精神充分地展示出来，使它渗透到整个教学过程中，通过有意识的培养和潜移默化的作用，使学生对体育精神有具体生动的感受。技术课教学中穿插适当的比赛和定期考核也有助于培养学生的体育精神，使他们懂得什么是顽强拼搏，什么叫公平竞争。

（三）课外配合

要培养学生的体育精神仅仅靠课堂教学是不够的，还应该抓好早操、课间操和课外活动的各项工作。此外，还要充分利用学校体育文化节、校级运动会、代表队训练等活动，培养学生的体育精神。组织参观不同级别的运动会和参与体育实践、欣赏体育竞赛、学习体育知识，积极引导学生用体育精神鼓舞自己，激发他们的创造意识和拼搏精神。

（四）对教师的要求

要培养学生的体育精神，对体育教师也要提出相应的要求，否则就很难完成这项艰巨的任务。首先，教师要加强自身的理论修养，从理论上正确认识并深刻领悟体育的文化本质和特点，把握体育精神的实质。其次，提高自己的业务素质，培养学生的体育精神,既要有一定的理论知识,又要有娴熟的技术和正确的教学方法,更要有高尚的职业道德和责任感。最后,教师要成为体育精神的楷模,要通过自己的一言一行和教学实践体现体育精神,宣传体育精神,弘扬体育精神。另外,要加强体育科研工作,搞好课堂教学与科研工作的结合,使体育社会科学研究在体育科研中的分量不断增加,地位进一步提高,只有这样才能使学生体育精神的培养具有坚实的基础和可靠的保证。

第四章　体育意识

　　培养体育意识是弘扬体育文化、全面提高学生体质和健康水平的重要手段，也是学校体育从竞技中心走向"健康第一"的必然要求和基本任务。

　　所谓体育意识，就是人们在接受身体教育或从事运动竞技的实践过程中逐步形成的一系列心理品质和理性认识，这些品质和认识支配着人们的健身和竞技行为，并通过多种途径扩展到人们的其他社会行为中去。体育意识主要包括：参与意识、竞争意识、拼搏意识、合作意识、公平意识等[1]。从意识的主体角度着眼，可以把体育意识区分为个体的体育意识和群体的体育意识；从意识的层次可分为体育心理、体育观念和体育思想；从意识的指向可分为健身意识与竞技意识。个体的体育意识促使某个具体的人采取自己认为是正确有效的方式来决定自身的健身或竞技行为；群体的体育意识支配着该群体的健身、竞技及其他社会行为，并作用于个体的体育意识。体育心理影响、制约着体育活动的广度和深度；体育观念不仅支配着人们的体育行为，也影响着整个社会体育文化建设的实践。体育思想是体育心理和观念的升华，反过来影响和作用于体育心理和体育观念，一定时代的体育思想支配着体育发展战略、方针政策、法律法规的制定与实施，引领着体育文化发展的方向。健身意识的主要作用对象是群众体育，它规范和引导着运动员、教练员的健身行为；竞技意识的主要作用对象是竞技运动，它规范和引导着人们的竞技活动[2]。

　　体育意识的一般内容和普遍规律在学生体育意识中通过一些特殊的方式表现出来，只有准确把握这些特点，培养学生的体育意识，才能成为一种自觉有效的教育行为和体育文化建设工作。

　　本章共包含三部分内容，分别为学生体育意识的基本特点、学生体育意识培养的主要途径、学生体育意识的培养。

---

[1] 杜振中. 立德树人视角下高校体育对思政教育的影响 [J]. 教育现代化. 2019（99）：86.
[2] 杨云琳. 健康中国战略背景下高校体育体医融合策略研究 [J]. 教育现代化. 2019（95）：136.

第一节 学生体育意识的基本特点

一、形成的有序性

大众体育意识往往是通过体育实践活动自发地形成的,而学生体育意识的形成则具有有序性的特点。学校中相对稳定的体育教育体系,浓厚的体育文化氛围,为体育意识的培养奠定了基础,使学生体育意识由低级到高级、由零散到系统、由个体到群体有序形成,有效地保证了学生体质和健康水平的稳步提高。正是由于这种形成的有序性,使学生体育意识的培养有了可靠的体制保证。

二、内容的丰富性

学校体育文化建设和体育教育已形成了良好的运行机制,有着其他社会群体无可比拟的优越条件。由于丰富多彩的体育教学和体育文化建设活动的熏陶,使学生的体育心理、体育观念内容十分丰富,其中既有对体育地位、作用、文化内涵、社会功能的认识,也有对自身健身活动的心理倾向、感性体验和理性升华;既有多方面体育知识的支撑,又有多层次体育艺术的熏陶。可以毫不夸张地说,学校历来都是体育文化的重要阵地,培养学生体育意识是充分发挥这个阵地作用的重要措施。

三、作用的持久性

学生的体育意识不仅影响和支配着学生在校学习期间的体育学习和健身竞技行为,而且对其一生都将起到不同程度的影响。作为群体意识,它还影响和带动着周围社区体育活动的开展;作为一种文化现象,将对校园文化建设起到长远的促进作用。这一特点决定了学生体育意识的培养在整个社会体育事业与全民健身活动中的重要地位和作用,只要我们始终牢牢抓住这一优势群体的体育意识的自觉养成,全民健身活动深入地开展和我国竞技体育事业的全面进步就有了一个良好的基础。

四、发展的持续性

学生体育意识的发展与其他阶层相比还呈现出持续性的特点，也就是说，这种意识在其学习的四年中会连续不断地得到强化。发展的持续性与形成的有序性既为内容的丰富奠定了基础，也为作用的持久性创造了条件。

第二节　学生体育意识培养的主要途径

一、理论学习是前提

人的意识是在实践的基础上通过自觉的学习而形成的，学习的直接方式是理论学习。要培养学生的体育意识，必要的理论学习应先行，通过课堂和其他形式的学习，提高学生对体育及其在学校教育、个人成长、社会发展中的地位和作用的认识，传授基本的体育知识，进行体育文化的系统教育，是培养学生体育意识的主要条件。

二、活动养成是关键

理论学习的主要目的是让学生"知"，活动养成的关键则在于使其"行"。活动养成应以课堂实践为主体，以教学比赛为重点，以课外活动为补充形成网络，充分发挥学校课堂教学系统化、教学比赛经常化、课外活动制度化的优势，逐步形成作为学生健身体系软件之一的体育意识养成机制。

三、文化熏陶是动力

在校园文化建设中，注重体育文化建设，也是培养学生体育意识的重要途径。当今世界，体育文化无孔不入。重大的国际赛事、频繁的体育交往、众多的体育明星，通过大众传媒"来到"校园，正确的舆论导向和适当的技术点评，可以使学生受到健康的体育文化熏陶，形成良好的文化氛围，从而巩固、升华理论学习和活动养成的成果，有效地推动校园体育文化建设。

第三节　学生体育意识的培养

一、参与意识的养成

参与意识，就是不论体质、体能、技能如何，不管能否取胜，都要积极主动地参与健身或竞技活动中来的行为指导思想。体育课、课间课外活动、教学比赛的目的都在于增强学生的体质。因此，要最大限度地吸引所有同学参加，尤其是要鼓励那些体质较弱、性格内向、胆小脆弱的学生敢于上场，尽自己最大努力参与其中。参与意识的养成既要靠纪律的约束，也要靠行为的激励和内容的吸引。同时，要通过增强体育课的趣味性、活动的游戏感、比赛的观赏性等措施，广泛吸引学生积极参与，重在参与，成为校园体育文化的基本精神。

二、竞争意识的养成

竞争意识，简单地说就是在对抗中取胜、争优、争先的意识。这种意识的养成，可以从最简单的一对一的体能、技能的比试入手，逐步从双向向多向拓展，最终形成以个体为基础、以合作为前提、以集体为单位的群体竞争格局。个体间的徒手对抗是培养竞争意识最简便易行的方法。教师可根据课的不同内容和不同需要随机选择，如牵拉顶肩、短距离跑、立定跳远等等。个体间持械对抗也是培养竞争意识的重要方法，如标枪掷远、羽毛球赛、排球赛、乒乓球赛等等，更适宜于课间与课外活动时进行。集体间的对抗游戏和比赛是培养竞争意识的主要方法，如篮球课中的"冻人"，垒球课中的"触杀"等游戏及各种适于团体开展的教学比赛。

三、拼搏意识的培养

拼搏意识，是在体育活动中顽强拼杀、奋力搏斗的精神，它既是战胜对手的英勇气概，更是超越自我的精神力量。拼搏意识的培养，先要从每个人不断突破自己的纪录做起，如引体向上、俯卧撑、仰卧起坐等。作为竞争意识的进一步升华，拼搏意识也可通过个体或团体间激烈的竞争去培养，尤其应该选择水平相当的人或队进行对抗赛，使竞赛双方取胜的关键表现在顽强的作风和不屈的精神上。

四、合作意识的养成

体育活动既要求个体的体质、技能日益增强，也十分注重个体间的协作与配合。主动配合、积极协作、齐心协力去夺取胜利的心理活动过程，就是我们所说的合作意识。合作意识强的集体往往会产生"整体大于部分总和"的系统效应。在教学中，可以从双人操、协调操、交谊舞等最简单的方式入手，逐步向难度较高、范围较广的形式过渡，球类教学中的二对一、三对三，田径教学中的接力跑、协同跑（双人、多人均可），小组之间、队与队之间比赛等，是提高合作技巧，增强合作意识的有效形式。

五、公平意识的养成

公平意识，就是参与各方公正、平等地进行比赛的意识。体育活动通过竞技形式开发人的潜能，竞争必须公正、公开、公平才能达到预期目的。这就要求我们自觉培养学生的公平意识。在教学中可以通过轮流当裁判和让学生自己讲竞赛规则等基本手段强化学生的公平意识；还可以通过组织观看重大比赛引导学生学习优秀裁判员和运动员的公平精神，形成良好的竞技环境和积极优良的竞争精神。

正确的行为评估也是培养学生体育意识的具体措施之一。可以考虑通过在考核中增加"参与分""协作分"和在教学比赛中增加"拼搏奖""团结奖"等形式进一步加以强化。凡积极上好体育课、参加课外活动、参与教学比赛（包括替补队员和服务人员）的，都在体育课成绩中加一定比例的参与分，目前以总成绩的10%～15%为宜。在集体项目的学习和竞赛中取得较好成绩，可考虑加协作分，以1%为宜。为此，必须在体育课的考核中更多地设置协作或集体项目。每学期每一门体育课都可以设一个集体和2～4个个人团结奖和拼搏奖，以鼓励那些团结协作、顽强拼搏的集体和个人，激励学生的斗志。

培养学生的体育意识是全面贯彻执行《体育法》《全民健身计划纲要》《学生体育合格标准》的要求，也是从竞技中心走向健身中心的学校体育教学改革的必然要求，各级各类学校，尤其师范院校应进一步提高认识、强化措施、探索规律，使这项工作真正落到实处。

第五章　学生体育能力的培养

　　学校体育所培养的人必须能适应未来生活和工作中各种各样的环境和条件，这是学校体育教学改革与发展的方向和使命。学校教育作为学校教育的最高层次，特别是高等师范院校的学生，他们都是未来的教育工作者，毕业后绝大多数都要担任教师工作，教师的工作职责范围决定他们必须具备较强的体育能力。

　　体育能力，就是由体育精神、体育意识和体育知识、技术与技能构成的一种综合能力。在学校体育教学中要加强学生体育能力的培养，最主要的是让学生形成良好的体育意识，掌握体育基础知识与方法，具备身体基本活动能力、体育运动能力、自我锻炼能力，培养学生观察、评价和欣赏体育活动的能力，培养学生自我组织管理集体活动的能力，培养学生有效地创造和应用身体锻炼环境与条件的能力等。学生的体育能力是在体育学科学习过程中逐步形成和发展起来的，因此，在体育教学中，必须重视对学生体育能力的培养。在保证教学任务完成的前提下，尽可能给学生创造实践锻炼的机会，充分调动他们参与体育活动的积极性，挖掘各方面的潜力，以达到预期的目标[1]。培养学生的体育能力要求体育教师自身应具备较强的体育能力，这样，在教学中才能更好地发挥主导作用。

　　本章共包含两部分内容，分别为对教师体育培养能力的要求、培养学生体育能力的关键。

---

[1] 程红艳. 新形势下高职体育教育发展模式研究 [J]. 教育现代化. 2019（99）：111.

第一节　对教师体育培养能力的要求

一、思想品德方面

教师必须具有"乐业""敬业"的思想基础和精神境界，热爱体育工作。随着时代的发展，体育教师要进一步加深对体育地位和作用的全面认识，并时时刻刻表现出对自己本职工作的热爱与忠诚，表现出对学生德、智、体、美、劳全面发展的真诚关心，帮助学生树立正确的体育观与成才观。

体育教师应该具备坚定正确的理想信念和全心全意为人民服务的精神，应积极引导学生树立正确的世界观、价值观和人生观。教师要有高度的爱国主义精神和民族自豪感、自信心，有关心祖国体育事业的使命感和责任心，有及时掌握和传播体育比赛最新消息的兴趣、水平和能力。

二、知识技能方面

教师必须全面系统地掌握体育文化精神和体育理论知识，有针对性地进行深入浅出的讲授，灵活多样地运用体育理论知识。教师要对运动技术知识从易而难、由表及里地进行讲授和示范，把说与做有机地统一起来[1]。要精心设计教学程序，注意循序渐进和可操作性，使学生从教师的讲解和示范中，既受到知识教育，又得到技术训练。

教师必须有较丰富的知识且勤奋学习，善于钻研，必须不断加强自身业务的提高，对教学内容必须融会贯通。只有这样，教师才能在体育教学实践中灵活运用已掌握的知识、技能，提高教学水平。

---

[1] 茹瑶.影响我国高校体育教学发展的因素及措施研究[J].教育现代化.2019（A0）：71.

第二节 培养学生体育能力的关键

一、培养学生的自我锻炼能力

充分利用课外活动这块教育阵地，培养学生的自我锻炼能力是发展学生体育能力的一个重要方面。学校课外体育活动是学生进行体育实践活动的有效途径，学生可以通过课外活动来消化、吸收和实践在体育课上所学的体育知识、技术与技能。因此，有组织、有计划地进行课外体育运动实践，对培养学生的观察、分析、认识、解决身体锻炼问题的能力，都有积极的促进作用。以教学班级为单位开展小型多样的课外体育竞赛活动，是促进学生身体素质与锻炼技能提高的有效活动方式。除全校性的田径运动会、篮球、排球等专项比赛，最重要的是要有组织、有计划、有目的地开展小型多样的各种教学比赛，这些比赛可以根据体育课的教学内容及发展学生身体素质的需要，内容多样、形式灵活地广泛开展，如上篮球选项课的学生，进行运球、投篮等项目的比赛；上排球课的学生可进行垫球、对传、自垫、自传等项目的比赛；上健美操和艺术体操选项课的学生进行小组比赛。同时，还可进行以增强身体素质为主的游戏性比赛等。这样开展的教学比赛，不仅可以激发学生参与体育活动的兴趣，而且一旦形成制度，就能更好地调动学生体育学习和身体锻炼的积极性，充分发挥课外活动的功能。

培养学生的自我锻炼能力，上好新生的第一次体育课是很重要的。通过第一次体育理论课增强学生对体育的认识，从而激发与培养学生学习体育文化理论、体育基础知识、掌握锻炼技术、提高体育能力的兴趣，给以后的体育实践课打下坚实的基础，创造良好的条件。要根据学生的年龄特点与好动的特性，在教学安排上多样化、游戏化，要培养学生具有竞争意识，使学生由被动学习变为主动学习，不断提高身体素质，掌握运动技能，加深对体育文化和竞技运动的了解，使其独立从事体育锻炼能力得到发展。

二、培养学生的观察能力

观察是一种有准备、有计划的认知活动，是人类学习的最原始却是最有效的方式。巴甫洛夫曾说过："没有精心的观察，虽然长眼睛却等于盲人"。人的观察能力不是天生的，而是在实践中培养和发展起来的。

体育教学中每一项技术动作的学习都离不开观察。善于观察的学生往往掌握技术较快，反之则慢。因此，培养学生的观察能力，开发学生智力，增强求知欲和兴趣感，对当今的学生来说尤为重要。

无论是学习一项技术还是学习一种战术，首先要知道正确规范的做法，这主要靠学生自己认真地观察和正确地理解。观察要抓住动作和技术、战术的关键。观察次数根据动作的难度和自己的基础而定。观察要有"点"有"面"。"点"是重点，如跳远的"踏跳"、推铅球的"最后用力"、投篮的"出手动作"等。"面"是轮廓，如跳远的四个环节、推铅球的五个部分和投篮动作的全过程等。也就是说"点"是"意"，"面"是"形"，"形"主要靠观察，"意"要靠教师讲解说明或现场示范。这就是说，只要在学习中抓住了关键就有望解决主要矛盾。因此，教师在教会学生有序观察后，还要教会学生认真观察技术关键，通过多次动作示范，从而确保学生练习时在技术关键上不出差错。

观察要与想象训练相结合。学生观察之后，不宜立即让他们进行练习，而要指导他们进行想象训练，通俗地说就是"仔细琢磨"，将所观察到的动作技术全过程在大脑中像放电影一样，重新完整地想象几遍。通过想象训练，正确技术在大脑中才会得到强化，同时随着想象的深入，大脑就会发出信号，就会刺激有关的身体部位和肌肉，使之得到锻炼。实践证明，通过想象训练，学生加深了对技术动作的正确理解，增强了完成练习的信心，在心理上为练习做好充分的准备。这样，练习时就可减少盲目性，收到事半功倍的效果。在当代传播媒体十分发达的情况下，观察还可以借助上网、看光碟（VCD、DVD等）和录像等方式进行，观察高水平的赛事既可以帮助学生提高体育能力，又可以进行体育文化的熏陶，是一件一举两得的事情。

三、培养学生的思维能力

在体育教学过程中，教师是通过语言、示范向学生传授知识、技术和技能的，生动形象、条理清晰、风趣幽默且简明扼要的语言可激发学生积极思维，吸引学生专心致志，开动脑筋，聚精会神地听讲，使学生的思维活动伴随着教师的讲解同步进行，这样教学效果明显。

教学中随时向学生提一些相关的问题，通过提问把知识传授给学生。当代学生有追求自我完善的愿望，同时也有不甘落后的热情，这样等于把竞争机制引入教学，学生便会对自己提出更高的要求，进而萌生出上进心，踊跃地回答老师所提出的问题。当然也可提一些课堂内容之外的与体育有关的问题，使学生关心体育，自觉地积累体育知识，真正使体育课成为一种广义的"体育文化课"。

外因是变化的条件，内因是变化的根据。在体育教学中，无论是使学生掌握知识、技能，还是培养学生的观察和思维能力，除了需要外因——教师有效地传授、指导，还必须通过内因——学生的主观努力，才能实现。在教学中，教师不仅应让学生知其然，还要让他们知其所以然，经过大脑积极思维，寓兴趣于掌握技术之中。

综上所述，培养学生的体育能力，是学校体育的重要任务之一，特别是在师范院校的体育教学工作中更显重要。体育能力的培养非一朝一夕之事，需要教师的艰苦努力。要有计划地根据教材特点，学生年龄、生理和心理特点，循序渐进，学生的自我锻炼能力、观察能力和思维能力才能得到不断的提高。

第六章　学生人文精神的培养

科学理性与人文精神是人类文化的两大支撑点，在体育文化中也不例外。世界上大多数科技创新、科技发明的背后都有着深厚的人文精神的支撑，都是以人文精神为先导的。在学校的创新教育中，把人文精神教育和科学理性教育融为一体，是一个很值得深入研究、大力推进的教育理念。李政道曾经说：科学、艺术、人文的共同基础是人类的创造力。它们追求的目标都是真理的普遍性。追求科学与艺术、科学与人文之间的关联和均衡，是人的创造力的本能。如何将青年学生的这种潜在的本能发掘出来，是现代大学教育的重要任务。李政道作为诺贝尔物理学奖的获得者，对此问题的阐述不仅是理性的，而且是有其个人成功的经验生动鲜活地支持的。其实，在学校的各专业学科中都有丰富的人文素材，关键是教师要善于捕捉鲜活的事例，把握身边的契机，使人文素材在教学过程中起到潜移默化的作用。体育教学能使学生的身心同时参与，与其他专业相比，对培养学生的人文素质有着得天独厚的优越条件。本章针对在学校体育教学中对学生创新能力的培养，特别是具体针对学生人文素质的提高，实施人文教育，进行尝试性的研究，以引起同行的重视。

本章共包含两部分内容，分别是"人文"的内涵与人文教育、体育教育中的人文教育。

第一节 "人文"的内涵与人文教育

"人文"一词包含两方面的意思：一是"人"，关于理想的"人"、理想的"人性"的观念；一是"文"，为了培养这种理想的人（性）所设置的学科和课程。无论是西方还是中国，作为人文的第一方面的"人"的理念向来是更重要的、更基本的方面。古今中外，人性教育的主流是关注人的心灵的纯洁、情感的诚挚、道德的至善、精神的高尚，它与人类文明的发展趋势互动。人文教育与人性教育关系紧密，人文教育的含义相对较宽（同时含有"人"与"文"），人性教育的意旨则较深。人文教育的深层次问题是做人的问题。按此理解，人文素质（或人性素质）主要包括以下几个方面：理性、善性的精神素质；诚信、仁爱的道德素质；健康、乐观的心理素质；自由、创造的文化素质。理性与善性并称为人的精神素质，就是说人在具有理性本质的同时，还有非理性成分，如情意、信仰等，只要这些非理性因素合于善性原则，它们同样属于重要的人文素质。诚信、仁爱是中华传统美德，同时也具有普通伦理的价值，是现代社会，特别是市场经济、民主政治和精神文明中不可或缺的因素，是人性的集中体现。对人性、对世界持乐观主义态度是可贵的人文素质，但"悲观主义"所折射的若是忧患意识、批判精神则同样是弥足珍贵的，因为言亦属积极心理、健康人性。自由和创造正如前文中提到的李政道的话——"追求科学与艺术、科学与人文之间的关联和均衡，是人的创造力的本能"。

第二节 体育教学中的人文教育

课堂教学是教育的主渠道，学生的认知、情感、性格、意志时时都在发展变化着。师生间、同学间的交流日复一日，学生的个性会在生活的基础上得到相应的发展。

一、重视教师形象的作用

人文精神的树立和人格的养成不仅靠"言传"，更要靠"身教"，正是从这种意义上讲，"身教"重于"言教"。体育教师的言行举止、仪表服饰、神态气质甚至个人习性，无不作为信息传导于学生的大脑，并反馈于教学课堂和生活之中。因此，体育教师无论课上还是课下、校内还是校外，都要时刻注意自己的形象。首先，规范仪表——衣着得体，精神饱满；规范语言——使用普通话、文明用语和体育专业用语；规范环境——体育场地清洁，体育器材摆放有序。其次，要充分体现对学生的理解和关怀，做到师生间心灵相互交融。因为在对学生的品行教育中，只有一个心灵与另一个心灵真诚相遇时，才能彼此产生感染力。最后，用热烈的情感，奉献给学生一片爱心，让爱充满整个体育课堂，用激情唤起学生的练习欲望，以技巧诱导学生个性和谐发展，创造一个有利于提高学生人文素质的良好环境。

二、人文教育在教学中的体现

任何一个体育项目，都蕴藏着丰富的人文教育素材和体育文化内涵，教师要善于去挖掘和利用。个体项目的练习，在提高运动技术和身体素质的同时，也展示着相应的体育人文素质，教师要因势利导，进行启发和培养。比如耐力素质的训练，发展耐力素质虽然离不开通过技术与体能的训练去挖掘人体潜在的能力，但更重要的还是必须培养学生崇高的体育精神（这里主要表现为自强不息的拼搏精神）和顽强的意志去战胜疲劳，这样才能使其耐力潜能得到最大限度的发挥。所以耐力与顽强拼搏的意志品质、战胜自我的竞争意识和自强不息的体育精神是密不可分的，在发展耐力的教学中，要将意志品质的培养作为教学的关键来抓。顽强的意志品质是学生的一种精神素质，它的提高有利于学生的全面成长。集体性项目（如篮球、足球）不仅需要个人技术，还需要队员间相互配合，需要团队的协同努力。通过教学，要使学生理解如何摆正个体和集体的关系的问题，提高通力协作、遵守纪律的优良品质，增强集体主义观念；通过比赛的胜负，要培养学生胜不骄、败不馁的稳定、健康的心理素质[①]。

  任何体育项目，它的起源、发展和现状都展示着人文主义的色彩，体现着人文素质发挥的作用。教师要善于从教授的教材中加以引申，使学生在学习中受到人文精神的教育。比如在排球课上，教师可借用七律诗《闻郎平毅然回国任职作》。"粪土他邦百万金，归情切切意沉沉。太平洋水深千尺，不及阿郎报国心。"这首诗讴歌了郎平的心向神州、情系华夏的爱国之心。

---

① 彭迎春，俞玲，李旋，孙秋芬. 基于体育与健康教育的体医融合平台建设探究[J]. 科教导刊（下旬）. 2019（12）.

第七章 个性教育

全面推进素质教育，培养出高素质的、知识丰富的、具有开拓创新精神的新世纪人才，已成为教育工作者的一项重要任务。为了完成这一使命，我国正在进行教育改革，着手教育走向现代化的工作。个性教育已逐渐引起我国理论界和学校领导及教师的重视，因为通过个性教育，发展个性，才能培养出高素质、现代化的人才。没有个性谈不上创造性，也就不容易成为高素质的人才。学校体育教育作为学校教育的重要组成部分，同样也肩负着培养综合性、高素质人才的责任与使命，在体育教学中同样应注重学生个性的培养与发展。

本章共包含三个部分，分别是个性教育的重要性，学生个性教育的途径，创建个性、休闲、快乐一体化体育教学模式。

第一节 个性教育的重要性

个性（individuality），是指事物区别于其他事物的个别的、特殊的性质，在心理学上，它往往指一个人具体的稳定的心理特征，即兴趣、性格、能力、思想、情感、意志和气质的总和。它是在一定的心理素质基础上和一定的社会环境条件下，通过社会实践活动形成和发展起来的。发展个性，有利于培养人的创新、开拓进取和竞争意识，而这些都是适应现代社会发展的重要心理素质；没有个性发展，社会就不会有活力，个性充分、健康的发展是形成各方面良好素质的基础，是人类社会走向现代化的重要标志。当代中国，构造和谐社会成为迫切任务，而充分张扬个性则是建设各尽其能、各得其所的和谐社会的关键。学生个性发展是素质教育的落脚点，是全面发展在每个个体身上的具体实现方式。我们所强调的素质教育，就其实质而言，是一种发展个性的教育。

在体育教学中，我们可根据学生个性的特点和项目本身的特点，有针对性地进行选项练习，可以培养学生广泛的社会意识，塑造性格、改变气质、提高能力。同时，也能改变他们的个性形成，在参与和逃避、个人和集体的种种矛盾中，培养他们坦荡开放、光明磊落的道德品质。在激烈对抗、面对对手与困难，在成才与荣誉面前，在挫折和失败时，他们学会冷静、容忍和理智，而具有其适应环境的协调能力。由于学校体育中的运动项目丰富多彩，组织形式多种多样，活动内容千变万化，学生所充任的角色也经常变换，因而能够为他们提供各显其能、发展个性的机会和场所，所以，许多国家都把学校体育作为发展青少年个性的最佳园地，进而明确地把发展个性作为学校体育教育的一项任务。

第二节 学生个性教育的途径

一、更新教育理念思想，尊重学生个性

从"以教师为中心"向"以学生为中心"转变。首先，作为实施教学的教师必须转变教育思想和观念，树立为学生服务的思想；从"教师主讲、唱主角"的教学初级阶段尽快向"以教师为主导，学生为主角"的教学阶段转变。重视学生体育兴趣、爱好和特长的培养，尽可能地为学生主动地、生动活泼地进行学习和锻炼创造条件，促进学生个性发展。从"技能为中心"向"健康第一"转变。

进入学校的学生一般都已满18岁，个性已基本成熟。对于他们，我们既要遵循学科的基本规范对学生实施教育，也应尊重学生的个性及其发展要求，使学生个性中的独立性、积极性得到充分发展，努力营造出适宜学生个性发展的条件与氛围，培养出个性充分发展的多样性人才。不仅要追求学生体质的整体增强，而且要更重视每个个体的康健水平，在自身原有基础上有新的提高。

二、建立新型师生关系，构成新型教学体系

新型的师生关系是教师以平等、宽容的态度，积极鼓励学生，不做权威的代表，而是学生体育课活动的引导者和支持者。体育教师与学生的关系应该是"主体与主体"的，也就是"我与你"的关系，而不应该是"主体与客体""我与他""我与它"的关系，这就要求教师贯彻"民主原则""无错原则""激励原则"等等，树立在体育课上"人人平等"的思想，创造轻松活泼的人际关系。

我们应更新教学内容，改革教学方法，构建科学、先进的教学内容和课程体系，为丰富学生知识、优化知识结构、培养学生能力和素质、促进学生个性发展创造条件。

我们应当充分利用学校体育这种特殊形式，在体育课教学、课余训练中让学生的个性得到积极、充分、自由的发展，发挥学校体育的教育功能，有目的地培养和发展学生积极的个性品质，以培养出具有良好身心素质、高尚道德情操和完美人格的人。

第三节　创建个性、休闲、快乐一体化体育教学模式

从培养学生个性要求出发，按照"人类可持续发展"的理论和一体化理念，探索个性、休闲、快乐一体化体育教学模式，目的在于创建一种新型的体育教学方式，以适应现代体育教育改革与发展的要求。

一、个性、休闲、快乐一体化体育教学的含义

个性、休闲、快乐一体化体育教学的基本含义是：遵循"以人为本，健康第一"的基本思想，把发展学生个性和享受运动的快乐有机结合起来，并融合到体育教学中，建立有效的运行机制，从而促进学生身心健康，培养学生的创新能力。具体体现在：第一，个性、休闲、快乐一体化体育教学从三个不同的方面共同完成了体育教学的全过程，调动了学生体育学习的热情，激发了学生的学习兴趣，为学生的健康发展和终身体育奠定了基础；第二，个性、休闲、快乐三者相互协同，形成合力，学生的主体作用发挥得更加明显，体育的健身功能也体现得更加明显，形成了教学过程与持续发展的统一体；第三，个性、休闲、快乐一体化的体育教学模式，是以一定的教学内容、教学手段、教学方法为保障的，是一个不断完善与发展的综合体育教学模式。

二、个性、休闲、快乐一体化体育教学的依据

《教育部关于实施"新世纪高等教育教改工程"的通知》指出：该工程与高等院校教育面向 21 世纪教学内容和课程模式改革计划既有联系又有区别，是上一计划的扩展和延伸，该工程以培养适应新世纪我国现代化建设需要的具有创新精神、实践能力和创业精神的高素质人才为宗旨，对学校教育人才培养、教学内容、课程模式、教学方法等进行综合的改革研究与实践，推动教学改革的整体性、综合化和实践运用。统计资料显示，随着我国教育改革的深入，围绕素质教育、终身教育、健身第一的指导思想，对传统的体育教学进行了许多有意义的改革和

尝试，在某些方面，如增加选项课、理论课等方面取得了一定的成效，素质教育、健康第一的思想已基本形成。按照新世纪人才培养和"人类可持续发展"的要求，在体育教学中，应当引导和发展学生的个性，用休闲体育替代竞技体育，细化体育的功能，使学生充分享受体育带来的快乐，为实现终身体育打下坚实的基础。在全球经济一体化的今天，运用一体化的理论，把个性、休闲、快乐相融合，完善和丰富学校体育教学的模式，是一种面向未来的教学改革尝试。

三、个性、休闲、快乐一体化体育教学的基本内容

个性、休闲、快乐一体化体育教学的基本内容包括学校和教师体育教学观念的更新，教学内容、教学方法、对学生评价模式的改革等几个方面：

（一）教学观念的更新

要实现个性、休闲、快乐一体化体育教学的目标，学校和教师必须进行教学观念的转变。个性、休闲、快乐一体化体育教学是一项综合性的系统工程，应从以下几个方面进行观念的更新：第一，从新世纪人才需求和人类可持续发展的角度进行转变。第三次全国教育工作会议提出，高等教育的任务是要"以培养学生能力和创新精神为重点"，建立面向未来"求知创新"和"健康第一"的教学思想，在培养创造力上进行观念的转变，树立"以人为本"的指导思想，发展个性教育，在发现和尊重学生个性以及现有的物质条件基础上，最大限度地促进受教育者的体能、智能、活动能力、道德品质、情感等素质自主、和谐地发展，最终形成优良个性。第二，从体育的本质功能上进行转变。充分挖掘体育的健身功能，对体育项目进行有效的细化，弱化体育的竞技性，强化运动休闲的体育功能。第三，从体育教学的整体化上进行转变。在未来的体育教学中，体育教学不应是单纯意义上的体育技能和技巧的传授，而应是一个全面体现体育的健身效能，挖掘人的潜在能力的整体过程，在这个过程中，充分利用体育在培养人的个性发展方面的优势，实现人才培养的目的。第四，从学校教学改革的角度进行转变。新世纪教学改革的总体目标是通过对已有教学改革成果的整合、集成和深化研究，使之更加系统化、科学化，同时开展更大范围、更深层次的教学改革实践，适应时代对教育发展的新挑战。

（二）教学内容的改革

为了合理地促进学生的个性发展，强化学生的健康意识，在内容的选择上，应增加学生选择体育项目的范围，弱化和细化体育的竞技功能。弱化和细化的目的不等于取消竞技体育，而是更加合理地利用体育的竞技性。确立面向未来的教学内容的范围，应做到"一个减少，两个重视，三个增加"：第一，减少单纯竞技体育项目的内容，如田径中的铅球、标枪等。第二，重视理论课是体育文化和健康教育的内容，重视对学生体育理念和健康行为的引导。第三，增加与终身体育相关的内容和与未来生活相关的内容，如健身操、网球、乒乓球、羽毛球等；增加传统体育和具有地方特色的内容，如武术、太极拳、南方的游泳、北方的滑冰等；增加以运动休闲为主体和与之相关联的内容，如养生学、气功、登山等。具体方法为：固定的基础必修课和身体能力达标项目要精练，普及程度要高，如太极拳、健美操、12分钟跑素质测试等；多项选修课尽可能地增加学生选项的范围，如武术、体育舞蹈、游泳、拳击、散打、网球、乒乓球、羽毛球、女子形体、健美、滑冰、艺术体操、体育保健等，让大部分学生能从事自己喜欢的运动项目。

（三）教学方法的改革

教学方法多样化，是实现个性、休闲、快乐一体化的关键。事实上，同样一个内容，由于教学手段的不同，它所起到的作用是截然不同的。这就要求教师在体育教学中对所教的内容进行细化分析，而且教学手段要多样化，这并不是对技术和技能教学的否定。如武术的套路教学，相对比较单调，如果对单个动作细化讲解其实战功能，将大大激发学生的积极性；再如，在球类课上，合理利用它的集体竞争性，采用3~5人的小组，在对抗中让学生主动使用合理技术，并获得成功的体验，从而激发学生的主动性。因此，教师应做到以下几点：第一，技术、技能教学的细化，学生对技术的理解是主要的，而对技术的掌握是从属的；第二，善于制造成功的体验，让学生感受到学习的乐趣；第三，将休闲活动与运动项目结合运用，如游戏运动项目的组合等；第四，注重引导学生发挥个性，激发他们的求知欲望；第五，把课堂技术技能教学有机组合起来，实现技术学习，让学生的亲身体验和自我发挥相结合，在享受快乐中完成技术练习。具体方法为，实行分层次教学，特别是选项课，根据学生的技术素质能力分A、B、C三个等级班，制定出不同的目标；同类项目的教师实行集体备课，集思广益，制定目标，突出重点；教师实行挂牌上课，促进教师业务能力的提高。

（四）对学生评价模式的改革

学生评价模式是实现个性、休闲、快乐一体化的保障。个性、休闲、快乐一体化的体育教学评价模式是建立在学生健康水平和学生身体锻炼的个体行为上的评价模式，主要是根据学校实际情况，建立个人健康档案，实行学分制，对学生实施综合评价，淡化考试成绩，突出个性健全和在自身原有基础上的提高，可分几个方面：第一，身体机能能力评价，即身体体质测试评价和身体成分测试评价。第二，技术等级评价，即建立不同素质能力的评价等级，分合格和不合格。第三，身体素质能力达标测试。第四，课堂锻炼效果评价，包括出勤、迟到、早退、旷课等。具体方法为：实行学分制，学生四年中必须完成4个学分，包括必选课2个学分；选项课2个学分；固定两次身体机能能力测试和身体成分测试（安排在第一、三学年），两次12分钟跑的素质达标测试（安排在第二、四学年）；课堂锻炼效果和技术素质实行等级评价；综合评价分为合格和不合格两类，不合格者不能获得学分，必须进行重修。

第八章　学生道德品格的培养

中国是一个文明古国，上至尧舜时代，就把品德列为做人第一要素。培养学生具有什么样的思想道德素质，无疑是我们需要明确的一个重大问题。虽然我们都知道应从小培养学生爱祖国、爱人民、爱劳动、爱科学、爱社会主义的情感，良好的道德品质和遵纪守法意识，但在具体教学中，仅靠讲道理是不够的，必须从体育教学的实际出发，抓住体育课的特点进行思想品德教育，让思想品德教育落到实处，使学生能真正成为新世纪合格的建设人才[1]。

本章共包含两部分内容，分别为体育教学是实施学校思想品德教育的重要途径、体育教学中进行思想品德教育的方法。

---

[1] 崔自璞.职业教育改革背景下高职院校体育教学模式改革研究——以辽宁经济职业技术学院为例[J].辽宁经济职业技术学院.辽宁经济管理干部学院学报，2019（6）：128-130.

第一节　体育教学是实施学校思想品德教育的重要途径

一、体育教学的特点

体育教学有别于其他学科的教学，它是在相对宽松的环境里进行的以身体练习为主的教与学、学与练，既有全班统一的活动，又有分散的小群体和个人练习。现在把课堂看成社会的缩影，把教学过程看成人际交往过程，在知识、技能、技巧、情感、兴趣等方面频繁而广泛地交往，从而培养学生相互尊重、相互信赖、真诚相待的良好品质。利用游戏、比赛的特殊条件，要求学生比赛时，积极进取、奋力拼搏才能取得胜利。这种胜利和成功的体验，会使人感到无比的欢乐，它会激励人们去克服更大的困难，争取更大的胜利，从而培养了学生团结协作的集体主义精神，这对学生将来走向社会、在工作岗位上更好地工作是非常有益的。这些都是加强学校思想品德教育的最直接途径。

二、体育教材的优势

各种体育教材都有一定的特点，教师可以结合体育教材的特点和优势对学生进行思想品德教育。在讲授体育的目的、任务时激发学生努力锻炼身体，以便更好地为现代化建设做贡献。讲授体育功能时，要激发学生的爱国主义热情，为提高祖国在世界的威望而努力学习。在教基本技术时，要教育学生遵纪守法，做文明的、守公德的好学生。体育教材中有许多培养学生高尚思想品德的内容，教师要结合体育教材和目前市场经济形势下的具体要求，加强学生思想品德教育。

第二节 体育教学中进行思想品德教育的方法

一、教师示范法

教师应为人师表,做学生的表率。孔子曾说:"政者,正也,子帅以正,孰敢不正。"又说:"其身正,不令而行其身不正,虽令不从。"教师的一言一行直接影响着学生,是学生模仿的榜样。教师要利用学生这一心理,处处严格要求自己,成为学生学习的楷模。教师要注意自身的形体、仪表、风度,与人交往要落落大方,彬彬有礼,着装要整洁、高雅,通过教师的仪表来感染并增强学生对仪表美及其作用的认识。语言和行为是最直接影响学生的因素,教师在任何场所讲话要文明用语,语气温文尔雅,态度和蔼亲切,遵守诺言,言行一致,并富有知识性、趣味性和幽默感,行为要正直、大方、文明、高洁,使之成为学生模仿的典范。

二、竞争激励法

体育教学中教师经常采用激励竞争的方法对学生进行思想品德教育,一般多用语言刺激、体态暗示、榜样示范等手段,激励先进,鞭策后进,调动学生的自觉性、积极性、创造性。体育教学中的各种球类比赛、接力赛、达标测验、评比等,都充满着激烈的竞争,本身具有较强的德育教育因素。教师运用激励竞争法时,首先,要教育学生正确对待暂时的胜负,培养学生良好的个性心理,既能享受成功的喜悦,更能经得起失败的考验,做到胜不骄、败不馁;其次,要对学生进行纪律教育、法治教育,因为任何竞争都是有条件的,都必须在规则范围内进行,否则将受到惩罚,从而增强学生的法治观念;最后,还应让学生认识到个人高超的技术只有同伴之间的密切配合才能充分施展,离开集体则一事无成,鼓励竞争不搞个人英雄主义,要培养学生的集体主义精神。

三、实践体验法

体育是以身体练习为主、实践性很强的学科,体育项目本身又具有较深的思想内涵，教师应结合体育教学的特点，有目的地对学生实施德育教育，使学生在体育实践过程中陶冶情操、磨炼意志，体会人生的价值，培养爱国主义的思想品质。强调的体育精神和人文精神的培养是完全一致而又各有侧重的。

在球类项目教学中，培养学生的全局观念和集体主义精神。在球场上一定要强调全局观点，强调集体力量，强调相互配合，对少数学生的极端个人英雄主义表现要及时给予纠正；要教育学生正确对待同伴的失误，技术好的学生更要热情帮助技术差的同伴；要教育他们正确对待对手的犯规动作，不应计较，更不能采取报复手段；要正确对待裁判的漏判与错判，要站在公正的立场上对待裁判对双方的判罚。

在短跑教学中，特别是起跑教学中，要着重讲明起跑在品德上的要求——实事求是，在规则上的要求——必须听到枪声后才能起动，绝不能存在侥幸心理而采取投机行动"抢跑"，有意识地培养实事求是的品德和精力集中的习惯。

在耐久跑教学中锻炼学生不怕吃苦的精神。现在的学生独生子女多，多数学生怕吃苦，教师要认真进行思想教育，深入了解情况，从严要求，有意识地培养他们不怕吃苦的精神，让他们在实践中得到锻炼。

在跳跃、障碍跑或支撑跳跃等项目的教学中培养学生不怕困难、不怕失败的精神。如在纵箱分腿腾越教学中，从一些学生的素质、技术来看完成动作是没有问题的，可他们就是不敢过箱；在跳高练习中，过低杆时技术动作很好，但横杆一升高动作就变形了，这是因为心理因素起了很大作用。我们通过这些项目的教学，有意识地培养他们的心理素质，培养勇敢果断的意志品质和不怕困难、不怕失败的精神。

四、导管结合法

思想品德教育不能只导不管，不能只停留在口头上而没有实际行动，要导与管相结合。体育教学中常规教育的保证是规章制度。制度是体育教学贯彻和安全保证的手段，没有制度的保证，体育教学的后果是不堪设想的。这些规章制度体现在点名制度、着装规定、练习规定和要求听从指挥、集体协调等方面。有了制度，就能对学生进行行为控制，就有利于贯彻教学内容、技能和技巧。同时强化学生的纪律性，一切行动听指挥的集体主义精神，培养学生的组织纪律性和良好的行为习惯。要了解体育竞赛都有一定的规则和要求，应该怎样做，不应该怎样做，都有明文规定，违反了就要受到教育和处罚，这有助于学生自觉性的提高，使学生逐步成为懂法、守纪的人。导管结合法的实质是把启发内在自觉与强化外在约束有机结合并辩证统一起来。

第九章　学生心理素质的培育

　　本章主要从学生心理素质培育展开论述，共包含两部分内容，分别是体育教学中学生心理素质培养的必要性、学生心理特征及心理素质的能力结构。

第一节 体育教学中学生心理素质培养的必要性

　　随着科技的发展和我国综合国力的增强，社会对人的素质要求越来越高，特别是对人的心理素质提出了更新、更高、更全面的要求。人们不但要有强健的身体、广博精深的自然科学与社会科学知识和精湛的技术，还要有远大的理想、很强的创造力、高尚的情操、坚强的意志、良好的个性，只有这种人才能适应时代的需要。实施素质教育是社会发展的必然趋势，也是人类自身发展的客观要求。高等学校是培养创新人才的摇篮，是实施素质教育的攻坚阶段，而学校体育教育承担着塑造学生强健体魄和培养学生心理素质的重任，所以研究学校体育教学中学生心理素质的培养具有重要的现实意义[①]。人的整体素质包括生理素质、心理素质、社会文化素质和思想道德素质。心理素质在素质结构中起核心、中介和桥梁作用，具有很大的能动性。它影响着生理潜能的发挥及身体健康，它是社会文化素质形成和发展的基础，并决定着社会文化素质的发展水平。体育教育可以把心理教育的理论用于实践，以培养学生勇敢、顽强的意志品质，塑造学生良好的个性，所以融入心理教育于体育教学之中是学校实施素质教育的重要途径。

---

① 王杰清.浅析体育教学中如何有效渗透安全教育[J].课程教育研究.2020（4）.

第二节 学生心理特征及心理素质的能力结构

学生的心理特征具有发展性和变化性。其一，生理发育使其产生成人感，独立性增强，精力充沛，勇往直前，但也充满着矛盾；其二，社会环境使其追求理想，倾向改革，有时代紧迫感，并要做时代的强者。学生的心理倾向具有鲜明的时代特征，是当代社会现实的反映。

一、学生心理素质的能力结构

学生一般性心理素质的能力结构包括：学习观察的能力、记忆的能力、想象的能力、思维的能力、情绪情感能力、意志力的能力、个性心理特征能力、自我约束与教育能力、对自身心理素质发展进行的评估能力、创造性能力、交往能力、实践能力等。学生特殊性心理素质的能力包括：语文能力、数学能力、音乐能力、绘画能力、体育能力等。

二、体育教学中学生的心理塑造

（一）体育教学中学生心理素质的培养原则

1. 实践性原则

学生心理素质的教育培养离不开教育实践活动。体育教师要把心理学、教育学的理论知识用于体育教学的实践活动之中，并在教学活动之中有意识地培养学生的心理素质，有目的有计划地通过体育教学进行心理教育实验，主动地在体育教学活动中探索心理教育的规律。

2. 整体性原则

心理素质的塑造是一个整体结构，要贯穿于学校体育教学活动的始终。随着学生年龄层次结构的不同，心理素质培养的侧重点不同，做到一般能力与特殊能力同发展，智力因素与非智力因素协调发展。

3. 发展性原则

心理素质的培养是一种最复杂、最高级的教育过程，它的形成需要经历很长的阶段，它的发展是一个终身学习、终身发展的过程。心理素质培养是一个由简单到复杂、由低级到高级的发展过程。

4. 反思原则

体育教学中的心理素质培养，教师要不断进行反思，及时发现问题，主动进行调控，不断总结经验，寻找规律，有效地提高教学质量。

（二）体育教学中，学生心理素质的培养方法

学生敏锐观察力的培养：教师要准确地了解学生生理、心理特征，观察学生言行，在教学过程中，让学生认真观察动作的难点及要点。特别是在进行战术教学时，要着重培养学生的观察能力，让学生认真观察对手情况，针对对手弱点提出自己的战术打法。

1. 学生记忆力的培养

体育教学是在实践教学中的直观教学，教师通过讲解示范，并通过学生练习来培养记忆力。

2. 组织能力的培养

教师在授课时可以让学生担任裁判工作，组织比赛，并把这种做法带到课外体育活动之中，培养学生的组织领导能力。

3. 创造力的培养

人的心理活动是较复杂而又多变的，每个学生的心理发展水平又是千差万别的，要使每个学生的心理素质都获得良好的发展，教师要根据不同的教学内容发展学生的创造能力，例如：运动技术如何改进，运动器材怎样更新设计，才能更科学合理地组织教学活动。另外，还可以让学生轮流带做准备活动等，使学生的创造力得到逐步提高。

学生心理教育是教育环节的一个子系统，学校必须营造良好的育人环境，使课内与课外教学一体化。课堂教学是学生摄取知识、培养能力的先导，课外活动是课堂教学的延伸，是学生综合能力自我体现的完善，学校行政职能部门必须加大体育设施的投资力度，以满足体育教育和心理教育的需要。

第十章 "健康第一"的指导思想

《中共中央 国务院关于深化教育改革全面推进素质教育的决定》指出:"健康体魄是青少年为祖国和人民服务的基本前提,是中华民族旺盛生命力的体现。学校教育要树立健康第一的指导思想,切实加强体育工作,使学生掌握基本的运动技能,养成终身坚持体育锻炼的良好习惯。"在学校体育工作特别是教学工作中贯彻落实"健康第一"的指导思想具有十分重要的战略意义[1]。

本章共包含三部分内容,分别为:转变体育教育理念,明确教学指导思想;深化体育教育改革,形成新的教学布局;建立健全保证机制,持之以恒抓好落实。

---

[1] 王娜."生活教育"在中职体育教学中的实践与思考[J].科学咨询(科技·管理),2020(1):167.

第一节　转变体育教育理念，明确教学指导思想

健康是每一个人正常生存、文明生活、高效学习与愉快工作的基本前提，对促进青少年健康成长，提高人民生活质量，促进全民综合素质的提高具有重要意义。随着人类社会的进步和生活质量的不断提高，人们对健康的追求与向往越来越强烈，对健康的理解与认识越来越深刻。

美国健康专家贝克尔也持类似的观点，他认为健康就是"一个有机体或有机体的部分处于安宁状态，它的特征是机体有正常的功能，以及没有疾病。"而世界卫生组织对健康的最新最权威的定义则是："健康是指在身体、心理和社会各方面都完美的状态，而不仅是没有疾病和虚弱。"

树立"健康第一"的指导思想，要从牢固树立立足于人的全面发展的真正以人为本的素质教育观念入手。一定要明确地认识到：所有教育首先都应该是"使人成为人"的教育，其次是"使人成为某种人"的教育。孔子曾讲"君子不器""行有余力则以学文"，我们认为讲的都是教育以立人为本。而人的身体、心理和社会各方面的完美，事实上就是人具有良好的素质。就人的素质的五个基本方面来说，身体素质是基础，心理素质是条件，文化素质是前提，职业素质是特点，思想道德素质是灵魂，对人的教育培养这五个方面缺一不可。世界卫生组织的广义健康观，事实上已经涉及到了人的素质的这五个基本的方面。因此可以说广义的"健康第一"观念与我们目前大力提倡的素质教育观念是完全一致的。作为学校教育一部分的体育教育也必须牢固树立素质教育的观念，而这一观念的树立与体育教育理念向"健康第一"的转变是完全正确一致的，与以人为本的科学发展观是完全一致的。

第二节　深化体育教学改革，形成新的教学布局

观念更新是行为转变的前提和基础，但并不是行为转变本身。人的行为特别是集体行为要转变，不仅要有思想认识的深化和行为理念的调整，更重要的是要建立行为活动新的程序结构和保障机制，借用当下比较流行的说法就是要"再选流程"。就学校体育落实"健康第一"的指导思想来说，除了转变学校体育教育理念，还必须进一步深化体育教学改革，落实"健康第一"指导思想的教学新布局。

落实"健康第一"的指导思想，学校体育教学改革首先要确立"一切为了学生的健康、为了一切学生的健康"的改革目标，并从这一目标出发确定教学新布局，形成教学新体系，运用教学新方法，再造教学新流程。新的教学布局应该是"一个中心，四项原则"，即以学生健康为中心，坚持三位一体、着眼一切、因材施教和文化熏陶的原则。"一个中心"是教学新布局的核心和灵魂，是不同于以往教学大纲要求的关键所在，体育教学改革一定要始终不渝地围绕这个中心来展开。"三位一体"是新一轮教学改革的首要原则，它对我们所确立的"健康第一"的指导思想和工作重心进行了明确界定，即我们所说的健康包括身体、心理和社会三个方面，涉及人的素质的五项基本内容的广义健康观。因此，离开了这一原则，新的教学布局将无从谈起。"着眼一切"的原则所要求的是我们的体育教学要考虑到一切学生。因材施教是着眼一切的保证，我们的体育教学必须从不同学生的不同健康状况出发，实施不同的教学内容、采取不同的教学方法，达到"健康"这一共同的目标。"文化熏陶"的原则说的是新的教学布局中的体育课不同于以往的一个很重要的方面，要把体育课上成一种文化课，不仅使学生学习健康理论、了解健身知识、掌握科学的锻炼方法，更重要的是让他们在体育文化的熏陶下培养起体育精神、提高体育素养、养成良好的健康习惯，这是本书基于体育文化而研究学校体育的一贯指导思想。

新的教学体系包括课程体系、教材体系、教学组织体系和评估考核体系四个方面。在"以健康为中心"的体育教学改革中，需要通过调整课程设置建立健全

的课程体系。在改革中要注意从全面促进学生健康的角度选择课程，课程的设置既要有完整性和系统性，更要有渐进性和趣味性。要真正体现体育的丰富文化内涵和学生的广泛兴趣的有机统一和科学对接。教材体系建设是直接为课程体系建设服务的，二者是相辅相成而又互相促进的。体育课的教材除了体现教材的一般特点和要求，还要十分注重直观性，有利于学生在课后自学自用，根据需要和可能，体育课的教材要大量增加体育文化的内容。教学组织体系是实施课程和教材体系的具体实现形式，在体育教学中具有特别重要的意义。

教学方法是实施教学布局和体系的又一重要保证，在体育界曾有过从"教授法"向"教学法"转变的号召，这无疑是顺应教育发展潮流的。但是，从体育教学改革的角度看仍有局限性。我们认为，在深化以"健康第一"为中心的体育教学改革的过程中，在教学方法上还应进一步从"教学法"向"教练法"转变。如果说"教授法"不能突出学生的主体地位的话，"教学法"则未能突出体育的特殊性质，"教练法"的优点恰恰在于既突出了学生的主体地位，又突出了教师的主导作用，更重要的是突出了体育的个性特点。我们这里所说的"教练法"指的是"教""学""练"三位一体的方法。教师在"健康第一"的教学活动中所扮演的角色是体育文化的宣传员、身心健康的指导员、技能掌握的教练员和训练过程的督导员。

第三节　建立健全保证机制，持之以恒抓好落实

在学校体育教学中落实"健康第一"的指导思想，除了不断深化教学改革、建立有效的行为程序结构，还要建立健全行为保障机制。这些保障机制包括体育教育理念、教学指导思想和教学大纲安排等思想保障机制，教师、教学组织管理工作者和教学辅助人员等人员保障机制，器材、场馆和设备等物质保障机制。

在改革的初期主要加强学习、提高认识、转变观念，在改革的进程中关键是要把思想认识的提高转变为具体的操作规程。具体说来，就是根据新的教育理念和教学指导思想制定出新的教学大纲。大纲的制定是所有工作中最基础、最重要的环节，对于整个教学改革具有决定性的意义。因此，新的教学大纲的制定要在广泛深入的调查和认真科学的研究上进行。

人员保障机制的建立健全主要依靠人力资源的合理开发和科学配置。人员保障机制是落实思想保障机制的主体性因素，只有通过对人力资源的合理开发与科学配置，才能有效实施新的教学布局。

物质保障机制的建立健全主要依靠投入与建设。多年来，绝大多数学校比较重视体育设施的基本建设，从技能第一到健康第一在体育设施等物质基础的要求上并没有太多新的要求，现在的主要任务是把各种体育物质资源进一步整合到新的教学布局的要求中来，以保证新的教学体系的有效实施。

保障机制建立健全之后，关键是要通过不断完善使其正常运行并向着优化目标迈进。这就对我们的日常管理工作提出了新的更高的要求。为此，我们必须从以下几个方面进一步加强学校体育工作的日常管理：一是学校要从体育是进行素质教育的基础性工程、体育文化是大学文化传播的基本内容的高度进一步提高对体育工作重要性的认识，加强对体育工作的领导和体育教学的指导，增加对健康教育的人力、物力和财力投入。二是体育院系特别是公共体育工作部门要加大对新的教学布局、教学体系和教学方法的研究力度，为不断深化以健康为中心的体

育教学改革提供理论基础和方法指导。三是各级各类体育教学组织都要适应新的教学布局、教学体系和教学方法的改革和完善自身的工作职能，为落实"健康第一"的指导思想提供最基本的保证。四是要加强教师的业务学习，以适应改革的形势和新的教学布局、教学体系和教学方法对教师提出来的新要求。

第十一章 体育与健康教学内容

体育与健康教学要在结构与内容上予以突破,将知识、技能与技术,将传统体育与现代新兴体育相结合,以教会学生基本的体育健身知识、技能和方法,促进学生的身心和谐、健康发展。

本章讲述了体育与健康教学内容,主要包括两个方面的内容,分别是体育与健康教学内容概述、体育与健康教学内容体系。

第一节 体育与健康教学内容概述

体育与健康教学内容是在体育与健康教学中，教师的"教"与学生的"学"的实际材料。体育与健康教学内容是教师按照育人的要求，在总结前人体育和教育实践经验的基础上，遵循一定的原则和程序，从丰富的体育与健康知识和技能中认真精选出来的。在一定的历史时期内，体育与健康教学内容的选择与确定总是受到社会对人才规格的需求、学生身心发展的特点、教育发展的社会条件以及教育者的研究水平等多种因素的制约，因此，体育与健康教学内容随着社会的发展呈现出不断更新和发展的趋势。

根据三维健康观、体育的特点以及国内外体育课程发展的趋势，体育与健康教学改变了过去按运动项目划分课程内容和安排教学时数的框架，重新构建了体育课程的内容体系，拓宽了课程学习的范围，将课程学习内容划分为运动参与、运动技能、身体健康、心理健康和社会适应5个学习领域。这种学习领域的划分真正体现了体育与健康课程的性质和"健康第一"的指导思想，有利于课程目标的实现，有利于发挥体育与健康课程健身育人的功能。

一、选择体育与健康教学内容的依据

体育教学体系包含4个基本要素：教师、学生、教学内容和教学环境。在教师、学生和教学环境相对稳定的基础上，教学内容是具有较大选择性的要素。《体育与健康课程标准》对教师如何选择教学内容没做具体要求，教师可以自己开发课程资源，以不同的内容来体现课程性质和课程价值，释放能量，彰显个性。因此，只要是符合《课程标准》基本理念的、能达成课程目标的内容，教师都可以选择。在选择体育与健康教学内容时应依据以下几方面内容：

（一）根据"健康第一"的指导思想

在现代生活中，人们对健康观念的认识提高到了一个前所未有的新水平上。体育与健康教学的直接目标已不仅是增强体质，还要以增进学生的身心健康为主要目的，以身体练习为主要手段，教人如何利用体育手段调节日常生活，调节学生的心理和行为，影响和干预学生的心理品质，让学生的心理和行为向着健康方向发展，从而提高学生的心理适应和自我调节的能力。因此，在选择体育与健康教学内容时，教师应根据"健康第一"的指导思想，仔细研究所选择的教材内容是否有利于学生的身心健康发展，是否能够促进学生整体健康水平的提高。否则，即使该教材是多年的传统教材也不能作为教学内容。

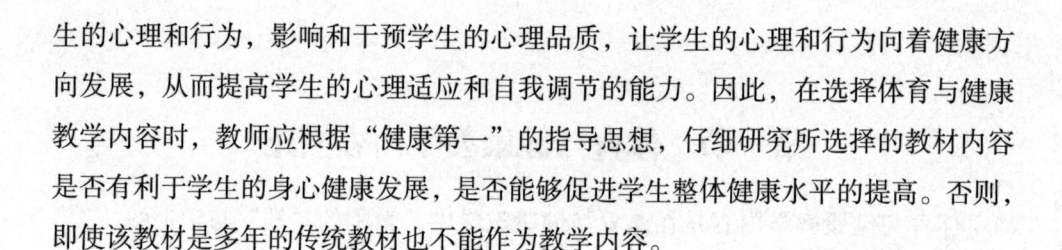

（二）根据水平阶段的学习目标

《课程标准》根据学生身心发展的特征，将中小学的学习划分为六级水平，并在各学习领域按水平设置相应的水平目标。《课程标准》以水平来划分学段，给体育与健康教师留有了很大的选择余地。教师可以根据同一水平阶段学生相似或相同的身心特征来选择适宜的教学内容，从而促使学生达成该水平阶段的学习目标。

（三）根据学生的身心发展特点

学习内容的选择与学生的兴趣爱好有很大的关系，青少年学生正处于生长发育的旺盛时期，无论是在生理上还是心理上，对运动的需求都相当大。在体育与健康教学中，教师应该选择那些适合学生年龄阶段身心特征的教学内容，这类教学内容既要具有发展体能特点，又要具有良好的竞赛特征，变化多、趣味性强、学生又喜爱，真正满足学生对于运动的需求，促进学生健康发展。

（四）依据学校的实际条件

《体育与健康课程标准》突出强调尊重教师和学生对教学内容的选择。但是，在我国现阶段，各地区、各学校场地、器材等硬件设施条件是客观存在的因素，每个学校的条件各不相同，再加上学生的需求不同，教师所选择的教学内容往往满足不了实际情况。因此，教师首先要对自己学校的教学条件有一个比较清楚的认识，在选择教学内容时，必须立足于学校的实际情况，或者自己积极开发、制作简易的器材来代替条件限制的器材，这样所选择的内容学习起来更有效果，教学意义也更加深远。

二、选择体育与健康教学内容的基本要求

（一）选择体育与健康教学内容要有利于课程目标的实现

课程目标是课程改革的出发点和归宿，它制约着课程内容的选择，而体育与

健康教学所选择的内容又是为实现课程目标服务的。所以，教学内容的选择要有利于学生实现相应的水平目标，以便最终能够实现课程目标。

（二）选择体育与健康教学内容要具有人文性

体育本身就是一种文化，具有较强的人文性特征。体育与健康教学内容的人文性就体现在教学内容的选择上。如果教学内容选择适当，就会对学生产生深远的影响，能起到沟通学生心灵的作用。例如，教会学生如何欣赏一场篮球比赛，与教会学生如何运球、投篮技术是同等重要的。因此，在选择和安排教学内容时，教师不能仅凭某一教材和自己的意愿进行安排，而应该站在学生的立场上，在充分调查了解学生的基础上，考虑学生对内容的可接受程度，与学生现代生活的经验联系起来，并且要为学生的进一步发展提供基础。特别是健康的知识与方法、安全和自我保护的知识与方法、生存常识、生活和休闲体育等内容，更应该是教师要重点选择的。这对现代的体育与健康教师提出了更高的要求，教师在课程结构的安排上除了考虑知识技能的逻辑性，还要更多地考虑学生的心理结构需求。教师不能把学生当成被动接受知识的容器，他们是具有主动性、富有创造力的鲜活的人。这样，学生与课程内容的距离就会缩小，体育与健康课程内容的人文性就会体现出来。

（三）选择体育与健康教学内容要注意科学性

新课程标准的理念之一就是关注学生的个体差异，确保每一位学生受益。所以，教师在选择教学内容时应考虑学生的个体差异，使学生的身心健康得到全面的发展。在选择教学内容时，教师要考虑教学内容的科学性，要根据不同阶段学生的身心发展特点选择适宜的教学内容，从而有效地促进学生的生长和发育。

（四）选择体育与健康教学内容要具有实效性

实效性，就是指教师所选择的教学内容对于促进学生的身心健康是否有效。新课程标准认为，一切对学生身心健康有利的内容都可以被纳入体育与健康教学的选择范围之内。这就要求教师在选择教学内容时一定要注意某一项运动是否简便易行，对促进学生的身心健康是否有效，是否能够为生活服务等。例如，推铅球是一种发展力量的教学内容，然而，无论是从组织教学、练习密度还是从场地器材的角度来看，推铅球这一教学内容对发展学生力量的效果都较差。发展学生力量的方法很多，教师完全可以选择一些实效性强、学生有兴趣的方法和手段来发展学生的力量。

（五）选择体育与健康教学内容要注重简便、易行

在选择体育与健康教学内容时，教师要充分考虑操作的简便易行。新课程标准实施以来，体育与健康教师的视野宽阔了许多，很多教师充分发挥自己的潜能，大胆地开发教材并创新教学内容，给体育与健康教学带来了前所未有的生机与活力。但是，也有一些教师为了使自己的课堂更具有活力，而采取了一些相对费时、费力的内容，虽然也取得了较好的教学效果，但长久来看不利于推广，而且也不切合实际。因此，在选择体育与健康教学内容时，教师一定要结合学校自身现有的条件以及学生身心发展特点，根据课程目标，与时代相结合，开发简便、易行并且深受学生喜爱的学习内容。

第二节　体育与健康教学内容体系

体育与健康教学内容体系是体育与健康教学中为实现教学目标而采用的特定内容之间的功能组合。它是根据《体育与健康课程标准》、体育与健康教学的内在规律及社会需要确定的。

一、运动参与教育

运动参与教育内容主要包括体育意识教育和体育道德教育两个方面。

（一）体育意识教育

体育意识是指体育运动的现象、本质和规律在人们头脑中的反映，是人们关于体育运动的认知、情感、意志、价值观念和理想等统一的心理活动和认识系统。"体育意识有着明显的导向性，它主导着人们的体育行为，影响着人们参加体育活动的自觉性和积极性"[1]。因此，在体育与健康教学中，教师要有针对性地加强学生的体育意识教育，通过广泛的宣传教育形成并提高学生的体育意识，培养学生的体育情感，使学生产生对体育和体育活动的感性认识和良好的情感体验。

（二）体育道德教育

体育道德教育是指为了使学生能遵循道德行为准则，自觉履行对社会整体和他人应尽的体育义务，而进行的有组织、有计划地施加系统影响的教育过程。道德教育是体育教学的一个重要组成部分，是每位体育与健康教师所肩负的重要责任。对学生进行道德教育，教师要以身言教，让学生感受到一种无形的德育教育。同时，教师要注意挖掘教材内在思想的教育性，并根据情况及时进行道德教育。另外，教师要善于抓住时机和各种典型的事例，有的放矢、区别对待地给学生进行思想道德教育。

---

[1] 谢雨锦. 青少年体育教育发展体能的方法 [J]. 当代体育科技，2018, 8 (30): 2.

二、身体健康教育

身体健康教育包括运动技能的生活化教育、身体锻炼教育、身体养护教育、身体维护教育4个方面。

（一）运动技能的生活化教育

运动技能生活化教育是指借助身体练习这一手段，把一些运动技能变为生活中常用的健身手段和方法，是强身健体的方式。教师在教学中应将抽象、生硬、难以理解的运动技能分解后融于具体化、形象化、生活化、游戏化的情景中去，并结合教学对象的生理、心理特点，通过创设适宜的教学环境，充分调动学生学习体育运动的兴趣，从而使学生达到掌握运动技能、锻炼身体的目的。

（二）身体锻炼教育

身体锻炼是通过运动形成强身健体"诱因"的过程。身体锻炼教育是指运用各种身体练习的方法，进行经常全面身体锻炼的教育过程。学生经常进行身体锻炼可以达到增强体质，培养锻炼习惯，调节精神和丰富课外生活，全面发展的目的。因此，在体育与健康教学中，教师要培养学生进行身体锻炼的习惯，使学生形成良好的体育锻炼意识，以便能够拥有一个健康的体魄。

（三）身体养护教育

身体养护教育是指根据身体锻炼的需要，有计划地采取补充营养、科学饮食、合理休息和养成良好生活习惯等措施进行健身教育的过程。一个完整的体育与健康教学过程，只有教学过程和身体锻炼过程是不完整的，还需要一个恢复过程才能保证体育与健康教学最大限度地达到增强体质、科学养生的目的。因此，在体育与健康教学中，教师更要重视身体养护教育，要教会学生根据运动中负荷的性质和量的大小，采取有针对性的恢复和养护措施，如桑拿浴、按摩、心理催眠、营养滋补等手段，从而达到尽快恢复体力和增强体质的目的。

（四）身体维护教育

身体维护教育是指在身体锻炼、身体养护的基础上，通过讲究卫生、服饰和心理调适等获得健身"结果"的教育过程。《后身体文化、权利和生命政治学》

一书指出："身体维护像汽车一样，为了保证高效率地运作，需要服务、定时护理和关照"。因此，在体育与健康教学中，教师要向学生灌输这种意识，使学生明白身体维护的重要性。

三、心理健康教育

心理健康教育是培养个体形成健康心理，发展各种有关的心理素质，预防、转变、纠正个体不良心理状态和不适应行为，促进个体心理健康发展的良好教育过程。随着社会的发展，学生生活节奏的加快和学习压力的加大，心理健康问题将备受关注。心理学研究表明，个体心理只有处于平衡状态才能适应社会，形成健康的心理品质。因此，教师适当地选择一些加强学生心理健康教育的内容，可以提高学生良好的承受能力，使学生形成坚强的意志品质。心理健康教育内容主要体现在以下几个方面：

（一）挫折教育

挫折教育是指教师在教学中有组织、有计划、分层次地针对学生设置了一些"难题""障碍"，制造出一些适可而止的挫折环境，通过学生的表现、表演、评比、测试等形式，诱导学生向难题、障碍挑战，让学生受"皮肉之苦"、心理冲击之累，实实在在地感受挫折体验，从而让学生在同困难和挫折的斗争中经受磨炼，使他们在克服困难和挫折的过程中得到其他教育所不能及的收获，培养其坚强的意志、勇敢无畏的精神。当学生冲击"难题""障碍"遇到困难时，教师要给予其及时的指导与鼓励，督促学生锲而不舍，直至最终取得成功。这种挫折教育对学生心理健康的维护，提高学生挫折容忍力，增强学生的心理承受能力和适应能力，培养学生积极向上的心态等都具有重要的作用。

（二）娱乐教育

现代人因学习、工作和生活节奏过快，常常身心过于紧张，感到郁闷、无奈、空虚等心理障碍日益增多。人们需要休闲性、娱乐性的运动去放松和"按摩"心理，从而增进心理健康。黑格尔说过，游戏看似非"正经"，实际却是"更高等的正经"，因为人在其中可以获得自由。游戏能使人"发泄"，能消耗人"过剩的精力"，从而使人镇静。可见，在体育与健康课中进行娱乐教育能促使学生"乐在其中"。所以，教师在体育与健康教学中要尽可能地为学生创造一些环境，让其能说、能跳，让其压抑的心理得到适当的发泄。

（三）个性教育

个性是人在社会生活中逐渐形成的比较稳定的、本质的、独特的心理倾向和心理特征的总和。它既是人的一种重要的素质，也是形成其他各种素质的心理基础。苏霍姆林斯基说：学校精神生活的全部意义，就在于要在每一个学生身上都唤起其个人的人格独立性。尊重与发展学生的个性是学校教育的职责，更是素质教育的关键所在和根本要求。素质教育不求人人成功，但求人人成才，体育与健康课中的个性教育是人性化的教育，是人文关怀的突出表现。体育与健康教学对培养学生的个性有着得天独厚的条件，教师选择一些需要克服的困难、有一定挑战性的活动内容，可以使学生克服自己个性中胆怯、畏惧、怕苦怕累的不良品质，培养学生克服困难、积极进取的精神，从而使学生的个性品质得以提高。

（四）心理教育

体育与健康课中的心理教育是认知、情感与行为整合的教育。体育与健康教师作为人类灵魂与健美的工程师，在体育与健康教学中要先把学生对体育知识、技术的学习热情挖掘出来，让他们对这些知识、技术感兴趣，自觉而主动地去学习、去认识。教师要积极引导学生理解这些知识、技术本身所含有的教育因素，最终使学生的行为发生根本的变化。人的良好素质是一种内在之物，它的形成有一个内化的过程。提高对心理的重视程度，特别关注学生心理的发展，将会使学校的教育工作出现一个崭新的局面。

四、社会适应教育

社会适应教育是指在体育与健康教学中，通过适当的内容培养学生良好的社会适应状态。良好的社会适应状态是指一个人的外显行为和内在行为都能适应复杂的环境变化，能为他人所理解，为社会所接受，行为符合社会身份。研究表明，不同的体育运动项目对人的社会适应状态的影响是不一样的。因此，在学校体育与健康教学内容的选择上，首先，要考虑学生社会适应能力的培养，要求学生学会学习、学会生存、学会生活；其次，要考虑学生社会责任感的培养，要求学生在团队的合作与进取过程中，学会坚强、宽容与合作，学会对自己负责，对别人负责，对社会负责。社会适应教育可以从宏观和微观两个方面去考虑，这里主要介绍微观的社会适应教育，包括以下几个方面：

（一）行为教育

行为教育是指以行为规范为主要内容，通过各种方式，使受教育者树立自觉遵守行为规范的观念。松下幸之助说过：会读书不如会做事，会做事不如会做人，会做人不如会感恩，会感恩的人才是最快乐、最有价值的人。中国古代先贤说过："行有余，则学文。"意思就是在学做事做人之余，一个人如果还有余力的话就读一点书吧！如果连做人做事都不会，那就没有必要读书。即使读了也是白读，不仅无益反而有害。所以说，行为教育应当作为一个非常重要的教育内容。

体育与健康课具有"修正人的举止"的独特功能。《体育与健康课程标准》提出通过体育与健康教学提高学生的社会适应能力，因此，教师在体育与健康教学中应设计相应的行为学习目标，选择适宜的教学内容，有针对性地培养学生的自我约束能力和行为规范意识。

（二）协作教育

当今社会，随着知识经济时代的到来，各种知识、技术不断推陈出新，竞争日趋紧张、激烈，社会需求越来越多样化，人们在工作、学习中所面临的情况和环境极其复杂。在很多情况下，个体单靠个人能力已很难完全处理各种错综复杂的问题并采取切实高效的行动。因此，要想在某个领域内有所突破，个体就需要与其他人通力合作才有可能获得成功，从而获得"整体大于部分之和"的系统效益。

体育运动中的很多项目都是需要通力合作才能完成的，这对培养学生的协作能力非常重要。在选择体育与健康教学内容时，教师要设计相应的环节，设定相应的目标，给学生提供合作的机会，并以此锻炼和培养学生的合作能力。

（三）人性教育

人性教育是对人性的理性体会、感性启发和追求人性真善美之丰富性的教育。人性教育与人文教育紧密相连。我们所说的强调人性就是强调要尊重人的本性和人所具有的正常感情和理性，培养人、塑造人而不是束缚人、扭曲人；强调人性教育，就是要通过培养人的精神理性、健康情感、让他们从繁重的压力下解脱出来，获得人生应得的快乐，以积极、乐观、健康的心态来面对人生。

《体育与健康课程标准》强调重视学生的主体地位，坚持"以人为本"的原则，因此，在体育与健康教学实践中要注重融合"人性教育"思想，重视学生的存在，充分体现对学生的理解和关怀，做到师生间心灵相互交融，给学生以"人性关怀"，根据学生的情况和活动内容的需要，随时调整授课计划和形式。

（四）外力教育

外力是指人通过自己表现出的精神状态、语言和行为来积极改善人际关系及其周围环境而获得的外界支持力。在体育与健康教学中，教师要积极引导学生懂得如何通过外力改善自己的人际关系，以及如何通过外力使自己获得更多无声或有声的支持。

五、运动知识、技能教育

运动知识、技能教育主要包括运动基础知识教育和运动技能教育。

（一）运动基础知识教育

运动基础知识教育主要是指向学生传授体育与健康的基本知识、运动保健知识、身体锻炼与评价知识以及运动项目知识。通过这些知识的传授，使学生明确体育锻炼的重要性，了解各个项目的体育文化传统，为进一步学习体育技能奠定良好的理论基础。

（二）运动技能教育

运动技能教育主要是指向学生传授基本运动技能、身体锻炼技能以及娱乐运动技能。这些技能的传授是体育与健康课程的主要内容，同时也是实现其他学习领域目标的载体。运动技能学习可使学生学习和掌握多种运动技能，并在此基础上形成自己的兴趣和爱好，为终身体育打下良好的基础。

第十二章 体育与健康教学方法

体育与健康教育使学生能够提高对身体健康的认识、掌握有关身体健康的知识和科学健身方法、提高自我保健意识，养成健康的行为习惯和生活方式。

本章对体育与健康教学方法进行了阐述，主要包括两个方面的内容，分别是体育与健康教学方法概述、常用的体育与健康教学方法。

第一节 体育与健康教学方法概述

一、体育与健康教学方法概念

体育与健康教学方法是指在体育与健康教学过程中，教师指导学生为达到一定的教学目标所进行的一系列活动方式、途径和手段的总和。体育与健康教学方法在实现体育与健康教学目标中起到桥梁或中介作用。体育与健康教学实践证明，教师如果不能科学地选择和使用教学方法，会导致师生消耗精力过大、学生负担重、教学效果差，给工作造成不应有的损失。同样，在体育与健康教学任务、教学目标以及与此相应的体育与健康教学内容确定后，体育与健康教学方法就成了主要的问题。所以，"正确理解、选择和运用体育与健康教学方法，对于更多更好地培养人才具有重要意义"[1]。

二、体育与健康教学方法的分类

在长期的体育教学实践中，广大的体育教师创造出许多具体的体育教学方法，特别是随着科学的发展，近几年出现了许多新的体育与健康教学方法。为了便于进行体育与健康教学、提高体育与健康教学质量，对众多的体育教学方法进行合理的分类，是非常必要的。体育与健康教学方法是多种多样的，根据不同的标准，有不同的分类：

（一）根据学生获取知识的方式分类

从学生获取知识的方式，体育与健康教学方法可分为教师的教法和学生的学法：教师的教法主要有讲解法、示范法、语言法、直观法、完整法和分解法、预防和纠正错误动作法等；学生的学法主要有观察法、练习法等。

（二）根据教学任务分类

根据体育教学任务，体育与健康教学方法可分为：动作技能教学方法，如讲

---

[1] 刘海涛. 高校体育教学中渗透心理健康教育刍探 [J]. 成才之路，2018（36）：1.

解法、示范法、纠正错误动作法、练习法、反馈法等；提高身体素质和运动能力的教学方法，如重复练习法、变换练习法、循环练习法、比赛法、游戏法、评价法等；思想品德教育方法，如说服法、榜样法、评比法、表扬与批评法。

（三）根据教学活动中获取信息的途径分类

根据教学活动中获取信息的途径分类，体育与健康教学方法分为：以语言传递信息为主的体育教学方法，如讲解法、问答法、讨论法；以直接感知为主的体育教学方法，如动作示范法、演示法、保护与帮助法、视听引导法等；以身体练习为主的体育教学方法，如分解练习法、完整练习法、领会教学法和循环练习法等；以情景和竞赛活动为主的体育教学方法，如运动游戏法、运动竞赛法、情景教学法等；以探究活动为主的体育教学方法，如发现法、小群体教学法等。

还有一种分类方法将体育教学方法分为：教的方法、管的方法、育的方法、学的方法、练的方法。体育教学方法还有许多不同的分类，可以说，各种分类方法都有其独到之处，但可能也存在这样或那样的不足。本书中对体育与健康教学方法没做具体分类，只是将近几年来比较常见的教学方法及其注意事项作了重点介绍，并配以相应的案例加以说明。

三、体育与健康教学方法发展的趋势

（一）体育与健康教学方法要突出健康目标

学校体育主要的目的是增进学生健康，这就要求学生在掌握体育与健康基本知识和基本技能的同时，形成健康的意识，养成良好的生活方式和锻炼习惯，实现真正的健康。体育与健康教学方法是围绕教学目标的一连串教学活动的有机组合。因此，在体育与健康教学中，教师应注重多视角、多维度关注学生的主体作用和参与意识，提高学生的体能水平，培养学生终身体育的意识。

（二）强调教师的主导性与学生的主体性的有效结合

在体育与健康教学中，不仅要注意教师如何教好，更要注意学生如何学好。实践证明，教师教好不是教学目的，学生学好、用好才是教师的追求。在现代的体育与健康教学中，体育与健康教师不再是"讲师"，而是"导演"，也是"节目主持人"，一堂体育与健康课的效果，要看"导演"和"节目主持人"如何发挥，如何组织利用各种技术手段，使"演员"按照既定的目标去达到应有的要求。

（三）根据不同水平的学生体现出教懂、教会、教学

体育与健康教学应让学生又懂又会，在懂后去练，在练中理解，这既是体育与健康教学效果的要求，也是教学目标的要求。教懂指教师要让学生懂得运动对身体作用的道理和原理，如何运用不同的运动锻炼身体，达到最佳效果；教会指教师要把一些健身的基本动作教给学生，使学生学会，还要让学生在实际中应用；教学指教师要充分调动学生积极性，把枯燥的教学内容变得生动、形象，灵活地运用教法，使学生产生兴趣，在体育课上身心愉悦。

（四）体育与健康教学方法日益科学化和现代化

体育与健康教学方法日益丰富，信息传导的途径和方式不断增加，传授媒介和手段不断丰富，现代化的仪器设备开始进入教学领域。

（五）更加注重培养学生的学习能力

体育与健康教学，更加强调将感知、思维与实践三个环节紧密结合在一起。近几年，为突出培养学生思考、发现与解决问题的能力，在体育与健康教学方面，教师尽可能少给学生提供现成的"答案"，只着重提出"任务"或者略加指示，主要由学生独立思考，创造性地实现目标，从而培养学生的学习能力。

（六）体育与健康教学方法的运用强调实效性

为了使学生在有限的课堂教学中得到更多的练习，教师必须提高课堂教学的效率。体育与健康的教师在教学中要注重"精讲多练"，不过多地占用学生的练习时间，从而保证学生有更多的时间参与学习活动。另外，在体育与健康教学中教师还应注意教学设备的高效利用，通过使用各种教学手段，使教学技巧"锦上添花"，如小场地体育教学研究、一物多用研究、信息技术在体育与健康教学中的应用研究等。教学设备的高效利用也是立足学校现状，弥补教学设施不足的重要途径。

第二节　常用的体育与健康教学方法

一、讲解法

讲解法是指教师用语言向学生说明教学目标、动作名称、作用、要领、做法和要求等，以指导学生掌握动作知识和技能以及进行练习的方法。语言是传播知识的主要媒介，是沟通师生感情的桥梁。体育与健康教学与其他学科一样，是教师指导学生掌握体育与健康知识、技术、技能的主要手段。因此，教学语言要规范正确，又要生动鲜明，尤其在讲解动作要领时，语言必须清晰、准确、形象。

运用讲解法的要求：

第一，讲解要有明确的目的。教师事先必须明确讲什么、怎么讲，必须根据教学目标，教学的难点和重点以及学生的接受能力，进行有目的、有针对性的讲解。

第二，讲解的内容要正确。教师讲的内容要正确，否则就完不成任务。

第三，讲解要简明易懂，生动形象。教师在讲解时要口齿清楚，语气肯定，表达生动，要运用术语，同时要根据学生情况进行解释。

第四，讲解要有启发性。教师可采用提问方式，启发学生思维，提问要深浅适宜且富有启发性，使学生将看、听、想、练结合起来。

第五，注意讲解的时机和效果。在下面几种情况下，一般不要讲解：学生做静止用力时，调动队伍时，做危险动作时，做快速动作时等。

二、示范法

示范法是指教师（或指定的学生）用具体动作为范例，使学生了解动作的形象、结构、要领的方法。示范法是体育与健康教学中常用的直观方法，在使学生了解所学动作的表象、顺序、技术要点和领会动作特征方面具有独特的作用，轻快、优美的动作示范还能激发学生学习的兴趣，增强学生学习的自信心。

运用示范法的要求：

（一）示范要有明确的目的

教师每次设计示范都应明确所要解决的问题，要根据教材内容、教学步骤以及学生的情况，确定示范的内容和示范的方式方法。例如，以建立完整的动作概念为目的时，需要运用完整示范；以掌握技术动作的某一环节为目的时，可采用分解示范；以纠正错误动作为目的时，可采用正误对比示范。总之，示范动作不要随意进行，这是因为盲目的示范会分散学生的注意力，也达不到应有的效果。

（二）示范要正确、美观

示范的目的是给学生留下一个正确的整体运动形象，使学生比较清楚地了解动作的外部结构和练习动作的方法。教师准确、优美的示范动作，常常会引起学生的钦佩和赞美，学生由此产生一系列连锁反应：欣赏——羡慕——向往——跃跃欲试，从而起到良好的激励效应。因此，教师的示范动作要正确、轻松、优美和规范，使学生从一开始学习，就对动作建立一个正确、完美的形象。特别是少年儿童的上进心和模仿能力较强，正确、优美的示范动作，不仅可使学生建立动作的完美形象，还能激发学生的学习热情，有助于提高学生的学习兴趣，起到动员、鼓舞的作用。

（三）示范的位置和方向要适当

示范的位置和方向由教学中队列队形、教材内容的性质、动作技术结构、学生观察动作部位、安全的要求所决定。示范位置和方向反映了示范的面，示范的面有：正面示范、侧面示范、背面示范和镜面示范。另外，示范时，教师还要注意位置要求，注意让学生背光、背风，避免学生受到视线干扰。

三、完整法

完整法是指从动作开始到结束，不分部分和段落，完整、连续地进行教学和练习的方法。完整法一般用在技术动作结构比较简单、协调性要求较低、方向线路变化较小或动作虽然比较复杂，但动作的各个部分联系非常密切，不宜分解的动作教学中。教师在运用完整法进行教学时，应完整地讲解动作名称、动作要领、动作方法、规则与要求，并做完整的动作示范，使学生建立完整的动作表象，尽快掌握动作。

完整法的优点是能使学生完整地掌握动作，不破坏动作结构；其缺点是由于完整动作，复杂且环节多，学生不容易掌握。

运用完整法的要求：

第一，突出教学重点，让学生先掌握动作技术基础或某些主要环节，然后逐步掌握动作技术细节。

第二，简化动作某些要求，如跳高时降低高度等。

第三，根据需要选用辅助练习或诱导练习。

四、分解法

分解法是指把完整动作合理地分成几个部分，按部分逐步进行学习的方法。分解法一般是在技术动作比较复杂、协调性要求较高，方向线路变化较多，或动作的各个部分联系不是十分紧密并可以分解，学生运动技能储备较少、运动学习能力较弱时采用的一种教学方法。其目的是强化对动作正确技术、姿态和动作阶段特点的体会。

分解法的优点是可以把动作技术的难度降低，对复杂过程予以分解，便于学生掌握和突出教学重点和难点，同时还有利于提高学生学习的信心。

分解法的缺点是不利于学生对完整动作的领会，有可能使学生形成对局部和分解内动作的单独掌握，但可能会妨碍学生完整地掌握动作。

运用分解法的要求：

第一，划分部分应保证动作完整结构，即考虑几个环节之间的联系，不破坏动作的结构，使学生完整掌握动作。

第二，使学生明确各部分的地位。在教师教动作、划分段落很混乱时，学生最终可能也不明白为什么这样做。

第三，分解法要与完整法结合运用。教师运用分解法是为了使学生完整掌握动作，故分解教学时间不宜过长，应与完整法结合运用，否则就会破坏动作的完整性。

五、领会教学法

领会教学法是指试图通过从技能整体开始学习（领会）新教程，改变只追求运动技能，甚至是次要枝节的技能，以提高教学质量的教学方法。领会教学法是一种完整教学法的变形和提高形式，是由英国学者在20世纪80年代提出的一种改造球类教学的教学方法。

领会教学法的内容：教师不是从基本的动作教起，而是先对学生进行"战术意识培养"。教师在战术介绍以后，结合实际向学生演示一些临场复杂的情况和应对的方法，对学生进行"瞬间决断能力的训练"，培养学生全面观察情况、把握和判断时机以及应变的能力，使学生最终可以根据所学的技术和战术，判断出"做什么"和选择最佳的行动方案"如何去做"。

领会教学法的教学模式有如下特点：

第一，从项目整体特征入手，再回到具体技能的学习，最后再回到整体的认识和训练中。

第二，强调从战术意识入手，把战术意识贯穿在各个教学环节中，以整体意识和战术为主导的特征很强。

第三，突出主要的运动技术，而忽略一些枝节性的运动技术。

第四，注意比赛的形式，并在比赛和实战中培养学生对项目的理解，教学往往从"尝试性"比赛开始，以"总结性比赛"结束。

六、循环练习法

循环练习法是指根据教学和锻炼的需要，选定若干练习手段，设置若干相应的练习站（点），学生按顺序、路线和练习要求，逐渐依次练习并循环的方法。循环练习法一般用于提高身体素质的练习中。提高身体素质的练习一般在技术上都比较简单，没有必要花很多时间进行学习，而更主要的是练习和锻炼，是一个不需要深教，但需要常练，更需要经常变换形式和要素来进行练习的方法。循环练习法对发展学生的身体素质有着特殊的作用。"在学校，同时上体育课的学生较多，场地器材相对有限，这时采用循环练习法可以有效地利用器材和时间进行较大密度和负荷的锻炼"[①]。

循环练习法的特点：有多个练习手段，练习过程连续循环，练习内容多种多样，运动量、练习节奏和身体锻炼的部位比较容易调整，可根据课上练习的需要

---

① 宋淑英.体育院校学生心理健康教育模式的创新[J].科技资讯，2018，16（30）：2.

进行多样化的设计和安排，能较全面地发展学生体能，提高运动能力，还能较好地提高学生学、练的兴奋性。

运用循环练习法时，应注意的事项：

第一，练习手段、练习量、练习站数量和循环练习方式的确定，均应考虑教学任务和教学条件、学生的运动能力和场地器材等实际情况。练习站，不宜太多也不宜太少，一般以6～8个为宜。

第二，选用的练习手段应是学生会做的。

第三，每个练习站必须有定量、定时、定性等要求。

第四，每个练习站的练习都要注意负荷大小、不同的练习交替安排。

第五，可以从学生最大负荷能力的1/3开始练习，在之后各站逐步增大运动负荷，但一般不超过学生最大负荷能力的2/3。当练习量大时，强度应相对较小；反之，当强度大时，练习量不能太多，在循环练习中还要注意合理的间歇。

七、预防与纠正错误法

预防与纠正错误法是指在教师教学和学生练习过程中，为了避免犯错误所采取的相应方法。

（一）产生错误动作的原因

第一，学生思想原因，如学生学习目的不明确，积极性不高，上课时怕难、怕脏、怕苦、怕累等。

第二，身体方面，如学生身体素质差，不具备一定的运动能力，缺少锻炼。

第三，教师方面，如教师教材选用不合理，学生难以适应；或教师水平有限，教法组织不当，讲解不清等。

第四，环境条件，如场地不平整，坑洼较多；或体育器材陈旧、损坏等，学生只能勉强进行体育训练。

（二）纠正学生错误动作的具体方法

第一，运用语言和直观的方法，不断使学生建立正确的动作概念，要用生动而准确的描述性语言即手势等帮助学生明确动作的顺序，要领；运用各种诱导性、转移性练习，来防止技能干扰所产生的错误动作。

第二，根据错误动作的性质，可采用限制练习法、自我暗示法等进行纠正。

第三，运用预防与纠正错误法时应注意的事项。首先，要有的放矢，对症下药，肯定优点，指出不足。其次，要抓主要矛盾。最后，当纠正错误时，教师要有耐心。

八、发现法

"发现法"是美国心理学家、教育学家布鲁纳率先倡导的。他认为，发现学习就是以培养探究性思维的方法为目标，以基本教材为内容，使学生通过再发现的步骤进行的学习。"发现法"并不是要求教师去发现和创造新的科学理论或科学概念，而是把前人发现创造的过程从教育的角度加以改造、加以精简、加以缩短，引导学生沿着简化的思维路线去"寻找"解决问题的方法，其本质就是学生在教师的指导下，经过自己的独立思维和探索得出问题的结论。学生积极思考、活动、探索、获得的知识是他们思维的结果，而不是由教师直接告诉学生答案是什么，然后让学生记住。发现法是指学生在进行某一任务的体育学习时，教师只是给他们一些与之相联系的事例和问题，让学生通过观察、验证性活动、思考、讨论和听讲等途径，独立地探究学习，自行发现并掌握相应的原理和结论的一种方法。一个坏的教师奉送真理，一个好的教师则教人发现真理。目前，国内外倡导的发现学习、探究学习、主体性学习、范例学习都可列入"发现法"的范畴。

发现法的教学程序是：

第一，创设情境，引导学生进入问题。

第二，观察探究，引导学生产生假设。

第三，推理证明，引导学生验证发现。

第四，总结、巩固、提高。

九、情景教学法

情景教学法是一种寓教材内容于各种活动情景之中，创设具体和生动的场景，激起学生浓厚的学习兴趣的体育教学方法。情景教学法为了创设特定的教学情景，就要运用语言描绘情景、器材演示情景、音乐渲染情景、角色扮演情景等方法，把学生引入特定的情景之中，为学生开拓出一个广阔的想象空间。情景教学中角色的扮演为学生体验情感、展开想象、活跃思维提供了舞台。这种教学方法多是在教学中设定一个"情景",甚至会由一个"情景"来贯穿整个单元和课的教学过程。

(一)体育与健康教学中创设情境的基本手段

第一,运用语言描述创设情境:通过教师声情并茂,妙趣横生的教学语言,描述活动情节、过程,以及与角色对话等,使学生身临其境,尽情参与。

第二,运用图画显示创设情境:即用图板(小黑板等)标示活动路线、方向,用挂图显现动作形态、过程,利用景物烘托环境氛围,以及在场地上描画"河沟""鱼塘"等。

第三,运用歌谣口诀创设情境:从学生的学习特点和认知水平出发,把技术动作要领编写成通俗易懂的歌谣口诀,使朗诵与意念相结合,使学习与锻炼相结合,促进尽快领会动作要领。

第四,运用动作模仿创设情景:即把各种派生的角色,通过形象的动作表现出来,如象行、马奔、兔跳、鸟飞,以及人物的举止形态走、跑、跳、投、攀、爬等活动。例如,当学习立定跳远时,采用"袋鼠跳"的形式,突出双脚起跳,双脚落地,协调用力的动作特点。

(二)运用情景教学法的基本要求

第一,在活动前,要进行情景诱导。教师在进行情景教学前,要让学生"入景";教师在进行比赛教学前,要能让学生"摩拳擦掌"。

第二,在活动中,要不断激发学生强烈的情感反应。比赛、游戏和情景体验都是伴随着情感反应的。教师在这些活动中,要善于利用各种情景激发学生的参与热情。

第三,在活动中,要注意学生的个体差异。每个学生的知识和能力水平不同,在体能上的差别更大,所以,在比赛中,让每个学生最大限度地体验运动乐趣是非常重要的。教师要针对学生的个体差异,选用"成功体育"式的比赛方法,使每个学生都体验到乐趣,从而达到教学目标。

第四,在活动后,教师要将学习和比赛等进行有机的结合,并及时进行教学总结。

十、游戏法

游戏法是指在教师的指导下，采用游戏的手段，让学生掌握体育知识、技能的一种教学方法。游戏是一项深受青少年儿童喜爱，并具有一定的竞赛性和趣味性的活动。在游戏教学中，教师可以通过情境的创设，让学生沉浸在一定的情境氛围内。游戏中的情节和竞争、合作等要素，可以使学生寻求现实生活场景，培养学生遵守纪律、团结互助、勇敢、顽强、机智、果断等优良品质，并能开发学生的智力和能力。

运用游戏法应注意的是：

第一，选择游戏要有一定的目的性和针对性。在选择游戏法进行教学时，教师要有明确的目的，根据不同的教学内容选择适宜的游戏进行教学，并采取相应的规则和要求，这样才能使教学取得应有的效果。

第二，游戏的内容要反映时代的特点和新的科学成就。在采用游戏法进行教学时，我们希望通过游戏不仅能使学生达到锻炼身体的目的，还能让学生学到新的知识，进而能将知识与现实生活相互联系。所以，教师所选择的游戏应能反映时代的特点，给学生以新的启示，发展他们的想象力。

第三，选择的游戏要方便教学，简单易行。在现实生活中有许多优秀的游戏，无论从形式上或内容上都很新颖而且富有吸引力，但由于其过于复杂不能方便教学，所以，这就要求教师根据各校的具体条件来选择适宜的游戏作为教学手段。

第四，要认真做好场地器材的准备工作。这是运用游戏法进行教学的一个重要条件。

第五，游戏的讲解要生动形象，引人入胜，激发学生学习的欲望。

第六，运用游戏法进行教学时，要客观地评定游戏结果并监督遵守规则的情况，这样才能保证游戏的教育作用。

第七，游戏结束后，要及时对游戏进行总结，先要客观公正地评定游戏的结果。教师对整场游戏及个别人要作出讲评，指出各队在发挥集体力量和遵守规则、执行规定方面，在技术、战术的运用和发挥上的优缺点。对在游戏中表现好的，应提出表扬；对游戏的失败者，不应指责，而要多从积极方面鼓励他们，克服缺点，争取下次取得胜利。

十一、表扬法

表扬法是指教师针对学生的学习情况给予及时的肯定、赞许或激励。在体育与健康教学中,教师巧妙地运用这种方法,会收到意想不到的效果。教学实践证明,表扬作为教师对学生体育行为的一种积极肯定的信息反馈,是肯定学生学习成绩的主要手段,是促进学生掌握运动技能和发展体育能力的有效方法。表扬法要与情感法综合运用。在体育与健康教学中,不一定非得口头赞扬或表扬,一个点头、微笑,都能起到类似的作用。

运用表扬法应注意的事项如下:

第一,表扬要实事求是。在运用表扬时,教师一定要做到公正、合理、符合实际。夸大其词,不符合实际的表扬和评价非但不能起到积极的群体心理效应,而且对受表扬者也不会产生好的影响。

第二,表扬运用的次数和范围要恰当。表扬不宜过多,"频率"不宜过高,这样才能使学生形成期待心理,促使其进行自我激励和自我监督。如果表扬的范围过大,次数过多,则会使学生失去新鲜感,产生心理惰性,这样会失去表扬的激励效应和教育力量。

第三,要善于及时发现落后学生的闪光点,优先表扬。教师的表扬能使学生产生积极向上的情绪,增强其自尊心、自信心,并促使其将这种积极的情绪迁移到今后的学习与练习中。但在实际教学中,落后学生往往由于成绩差而得不到教师的表扬,这对落后学生的成长是极为不利的。在教学中,如果教师能根据不同学生的特点提出不同的要求,只要学生通过努力达到了要求,就给予其及时的鼓励和表扬,就可以更好地增强落后学生学习的自信心,从而取得意想不到的教学效果。

十二、自我养护法

自我养护法是指以养身、健身为目的的自我保养和自我监督的卫生保健方法。常用的自我养护法有安全防范法、保护帮助法、量力适度法、卫生监督法等。

第一,安全防范法。这是指在学练过程中,预防与杜绝因场地、器材等方面原因导致危险及安全与伤害事故发生的一种方法。

第二，保护帮助法。这是指为了防止运动损伤，加强自身安全，采取自我保护与他人相互保护的一种方法。

第三，量力适度法。这是指学生在学练中，依据自身生理特点与健康水平，量力而行，有节有度，采取适合生理负荷的方法。

第四，卫生监督法。这是指学生在学练过程中，讲求锻炼卫生、日常卫生、环境卫生、作息制度卫生等，并能坚持自我监督的方法。

十三、自学法

自学法是指学生独立学习有关体育基础知识，领会、掌握动作要领、技术环节与特征的一种方法，它主要包括阅读法、观察法、比较法、讨论法等。

第一，阅读法。这是指学生通过阅读体育课本、体育动作图解和其他体育、保健知识来感知动作，初步建立动作技术原理的一种方法。

第二，观察法。这是指学生通过感官对即将学练的内容，进行有目的、有计划的感知动作，初步建立动作要领和表象的方法。

第三，比较法。这是指学生就体育知识的某一问题，集中有关学习资料，进行对照学习，取诸家之长的一种分析综合的方法。

第四，讨论法。这是指学生依据教师所提出的问题，在集体中交流个人看法，相互启发、相互学习的一种方法。

十四、自练法

自练法是指以学生自身的独立活动为主，有目的地反复进行练习某一运动动作的方法。常用的自练法有模仿练习法、反馈练习法、强化练习法等。

第一，模仿练习法。这是指按照别人提供与演示的动作模式为样板来进行练习，从而形成动作技术与技能的方法。

第二，反馈练习法。这是指为了解与掌握动作模式与实际演练的目标差，不断获取反馈信息，以加强自我诊断与自我纠正，不断改进与提高动作技术的方法。

第三，强化练习法。这是指在反复多次练习的基础上，创设比较复杂多变的练习条件和外部环境，通过自我强化训练手段，巩固技能，形成技巧的方法。

十五、自评法

自评法也称为自我评价法,是指个体在练习过程中,对自己学练行为价值标准的掌握和判断,进而控制与调节的一种方法。自评法可分为目标评价、动作评价、负荷评价、效果评价等。

(一)目标评价法

这是指学生对自己的练习目标自我监督,对实施目标的意志与行为进行评价的方法。

(二)动作评价法

这是指学生在练习过程中,对自己运动动作的质量和成绩进行评价的方法。

(三)负荷评价法

这是指学生在练习的过程中,依据身体生理机能和心理状态的变化,对自己生理负荷和心理负荷评价的方法。

(四)效果评价法

这是指学生经过系统练习后的一种总结性评价,需要通过一定的检测手段(如测验、达标与技评)来评价自身动作技术、体能发展和一般健康水平的方法。

十六、创新法

创新法是指个体通过思维活动和体力活动产生出独特、新颖并具有理论与实践指导意义的体育知识、技术及学练的方法。创新法一般包括运动动作创新法、动作编排创新法、发展体能创新法及优异成绩创新法。

(一)运动动作创新法

这是指依据运动动作的技术结构、动作要素和技术特征,创造出一种新的运动动作和运动项目的方法。

(二)动作编排创新法

这是指在掌握单独的、基本的动作基础上,自编、自导一套独特而新颖的组合动作和套路练习的方法。

（三）发展体能创新法

这是指创立一种合理而有效地提高身体素质和提高运动能力的新手段与新方法。

（四）优异成绩创新法

这是指在提高身体素质和运动能力的某一练习中，创造了优异成绩，具有全国或世界领先水平，并为一定社会体育组织所承认的新纪录。

体育与健康教学方法是体育与健康教学活动的重要组成部分。教学方法因教学目的、教学内容和教学对象的不同而不同。不同的运动项目、不同的内容以及不同年级的学生需要选择不同的教学方法，即使是同一教学方法在不同条件下其运用要求也是不同的。"教学有法，但无定法，贵在得法"，因此，在体育与健康教学中，教师要注意多种方法的有机结合，做到教学时间用得最少，练习方法最有效，教学效果最好，从而达到教学方法的整体优化。

第十三章 体育与健康课的教学过程

本章对体育与健康课的教学过程进行了研究,主要包括四个方面的内容,分别是体育与健康课的准备、体育与健康课的实施、体育与健康课教学的组织形式、体育与健康课的评价。

第一节　体育与健康课的准备

教师充分做好课前的准备工作，是上好课的前提条件，也是提高教师思想业务水平和教学工作能力的一项重要措施。因此，教师要认真做好课前准备工作，保证教学任务的顺利完成。

备课应以教师个人准备为主。在个人准备的基础上，教师可以根据需要组织集体备课，以便集思广益，取长补短，共同提高，并全面、合理地安排和使用场地、器材设备。课前准备工作内容，应根据学生、教师和教材的具体情况和要求而定。通常包括以下几个方面：

一、备教材

课前备课往往要从钻研教材开始。教师应认真学习课程标准和教材，系统地了解和掌握各项教材的意义、内容和要求，根据教学进度，深入研究每次课的教材和教法，这是课前准备工作的基本环节。

钻研每堂课的教材，首先要明确教材的目的性，分析这一教材的特点（包括本身的难易程度、运动负荷大小、主要发展的领域目标、影响身体的部位及其教育因素等）；其次再结合学生具体情况，考虑重难点和关键，研究教材要领和要求，并注意新旧课教材之间的联系及本次课不同教材之间的关系等。

二、备学生

教师只有了解学生这个教学的对象，才能有的放矢地确定教学目标和内容，选择课的类型和结构以及教学方法手段并最终掌握有关学生的情况，如人数、性别、年龄。同时，教师要全面了解新任教班级的健康状况、体育基础、学习态度、兴趣爱好、思想情况、组织纪律以及班级体育骨干情况和个别学生的特点等。对于原任教的班级，教师也应不断了解新情况并发现新问题。

三、备教法

教师备课不仅要备教材、备学生，还要深思熟虑组织教法，组织和安排教学内容，如何确定课的类型和结构，如何组织学生，如何运用不同教学方法展开教学活动，如何检查和评价教学效果，这是上好课的根本所在。

四、备场地

在上课之前，教师一定要了解场地情况，包括上课的班级、场地的质量等。在同一时间，上课的班级越多，每个班级占用的空间越小。另外，在上课前，除了了解场地的大小，教师还应充分做好场地的准备，如场地划线、辅助标志的摆放等。

五、备器材

体育与健康课不同于其他课程的教学，更多的是借助一定数量和质量的器材来完成。对于同样的教学内容，器材充足与不足相比，教学方法的选择和运用就有了很大的差别。因此，教师需在课前充分做好器材的摆放工作。

六、备培养体育骨干

有计划地培养与使用体育骨干，是上好体育与健康课的一个重要条件，也是在教学中调动学生积极性、培养独立工作能力的有效措施。在体育与健康教学中，在进行一些比较困难或复杂的练习时，教师可以先让学生讨论和体会一下，再充分调动体育骨干，使其掌握有关保护与帮助的方法，从而顺利完成体育与健康教学。

七、备气候

气候的好坏对体育与健康课的效果有着直接的影响。在不同的季节，在不同的时间，教师在上体育与健康课时应注意场地的选择，以及教法的选择和运用。另外，在室外天气不好的时候，如雨天、雪天、刮大风、大雾等，教师要适当调整体育与健康的内容，可安排室内课教学。

八、备伤病

虽然体育与健康教学不是运动训练，但是，教师也应当了解常见运动损伤和运动性疾病的发生情况。教师要及时了解这些情况，并在课前认真钻研和分析，能在体育与健康课中最大限度地避免运动损伤的发生。例如，炎热天气防中暑、寒冷天气防冻伤、高空运动防摔伤、游泳课上防溺水等。

九、备教师

体育与健康教师备课过程中不但要备学生，还要对自己有一个全面的衡量，如能否完整地做出一些示范动作，自己的背景知识有哪些？运用什么语言才能以最快速度将问题讲清楚？如何控制自己的情绪等。

十、备教案

教案是备课的具体体现，同时也是上好课的重要保证，因此，教师应在备教材、备学生、备场地、备器材等的基础上认真地编写教案。

第二节 体育与健康课的实施

体育与健康课的准备工作就绪后,紧接着是体育与健康教学活动的实施过程。这一过程包括以下内容:

教学常规,就是教师开展和处理课堂教学活动的一般行为方式。教师有教师的常规,如备课、教学指挥、礼仪、时间控制等都有制度化的规定。学生有学生的常规,如道德、秩序、人际交往等也都有一整套严格的必须遵守的规定。

在体育与健康教学过程中,师生共同遵守的、保证体育与健康教学工作正常进行的教学规定和具体要求,是教学科学化和学科化的综合表现。体育与健康课教学常规是一个由多个环节组成的复杂过程,是课堂教学顺利实施的保证。"严格遵守课堂教学常规,是一个承担着履行教育等多种任务的有效措施,同时也是新课程改革体育与健康教师应遵守的最基本教学常规"[1]。体育与健康课教学常规一般包括如下内容:

一、体育与健康课教学课前常规

第一,在每个学期开始时,教师必须根据《体育与健康课程标准》和本学期的实际,制定出教学进度,并提前一周写好教案(包括雨天课)。

第二,上课前,教师必须合理地安排和检查场地、器材,并提前到达上课地点。

第三,学生如果有因伤、病或某些特殊情况,不能上体育课时,则应在课前向体育与健康教师说明情况。教师在课前应将课程的内容和要求告知学生体育委员。

二、体育与健康课教学课中常规

第一,上课后,体育委员及时在指定地点集合整队,检查上课人数。教师应检查学生服装和出勤情况,做好记录,然后宣布课的目标、提出要求。迟到生应

---

[1] 于素梅.我国学校体育与健康教育发展状况与分析[J].中国学校体育,2018(12):3.

向教师说明原因，在教师允许后才可入列。

第二，学生上体育与健康课应穿轻便服装（最好是运动服）和运动鞋，不带有碍身体锻炼的物品。

第三，病弱或有某些特殊情况的学生应到场见习，参加集合，由教师安排适当的活动性或服务性工作，不得聊天或做其他事，不得擅自离开。

第四，教师要经常教育学生爱护公物、爱护场地器材、做好准备活动和整理活动以及安全保护工作。

第五，提倡尊师爱生。教师要以身作则、言传身教、大胆管理、严格要求，不得随便离开课堂，学生要自觉遵守课堂纪律、认真学习、刻苦练习。

第六，下课前，教师要集合全班学生，对本次课进行小结，安排值日生，宣布课后作业。下课时，师生互道"再见"。

三、体育与健康课教学课后常规

第一，下课后，值日生按要求收好器材或打扫卫生。

第二，教师应征求学生意见，及时写课后教学小结。

第三节　体育与健康课教学的组织形式

体育与健康课教学组织形式是指为了实现课的教学目标，根据教材内容特点、学生具体情况、教学环境而合理地采用教学方式。课堂教学组织形式是教学理论的一个重要组成部分。在教学活动中，教学任务的完成、教学过程的实施、教学方法的运用等，都必须凭借和运用特定的课堂教学组织形式。

教学组织形式对于教学活动的质量和效果具有非常重要的影响，在教学其他方面相同的情况下，教学组织形式的不同会带来极为不同的教学效果。然而，受传统体育教学大纲的束缚，几十年来，我国体育课程的教学组织形式都没有发生质的变化。《体育与健康课程标准》的颁布实施为我国体育课程和教学的深化改革与发展提供了千载难逢的绝佳机遇，为体育与健康教师创造性地开展体育与健康教学提供了更为广阔的发展空间，可以预言传统的统一体育教学组织形式将得到改变，未来体育与健康课程中的教学组织形式将会向多样化方向发展。

一、班级教学的基本形式

（一）行政班

行政班是学校管理的基本单位，在班集体管理体系中处于中心地位，是班集体管理的核心内容。行政班是当前我国体育与健康课班级教学的主要形式。在我国由于学生人数较多，每个行政班学生的人数基本都为50~60人，这对体育与健康教学提出了更高的要求。因此，体育与健康教师在对一个行政班进行体育与健康课教学时，尽量采用分组教学的形式，以便使学生获得更多的练习机会，更好地掌握运动知识与技能。

（二）男女分班

男女分班教学也是我国班级教学的一种基本形式。在条件较好的学校，尤其是针对高中学生进行男、女生分班教学有利于提高教学效果，使学生更好地掌握运动知识与技能。这是因为随着年龄的增大，男女生各方面的差异越来越显著，如体能、技能、兴趣和爱好等。男、女生对体育运动的需求也有很大差别，如男生喜欢强度大、有刺激性的运动项目，而女生则喜欢强度较小的、艺术性较强的运动等。因此，男、女分班教学有利于教师更好地安排教学内容。另外，为了更好地完成教学任务，达到良好的教学效果，可以尽量安排女教师教授女生课、男教师教授男生课，这样教师与学生之间的交流更加方便，更有利于学生和老师之间讨论体育锻炼对生理方面的影响。

（三）按学生的运动技能、兴趣爱好分班

在今后的班级教学中，有条件的学校可以根据学生的运动技能以及学生的兴趣爱好进行分班教学。这样，学生可以选择自己感兴趣的运动项目，提高自己的运动技能。这样的分班教学形式可以让学生系统地掌握体育运动知识、技术和技能，掌握科学锻炼身体的理论与方法，同时也能有力地保证各类学生在不同水平起点上达到共同提高的目的。

（四）小班化教学

小班化教学是当今世界学校教育发展的趋势。随着对教育理论的深入研究，人们发现教育的质量与受教育群体的人数有着密切的联系，还与群体、教师的地位有非常重要的关系。国外研究资料表明，在一个课堂上课的学生数与他们所接收的直接信息是呈反比的，即人数越多，他们的信息获得就越少。研究还表明，实践性课程教学的人数最好控制在20～30人，以便于教师及时关注每一个学生的操作情况，手把手地进行辅导。由此可见，教学的质量与学生的人数成反比，学生越少，教师对每一位学生进行辅导与关注的程度就会越大。

体育与健康课程是一门实践性很强的课程，其教学质量与上课人数有密切关系。从我国现有的国情来看，一个班能控制在40～50人已经很不错了，对于那些70～80人一班，甚至超过百人的大班，要切实提高体育与健康课的教学质量具有很大的难度。一些大城市由于计划生育政策执行得较好，人口已经开始呈现负增长的趋势，小学人数历年下降，义务教育制的学校渐趋小班化，有些学校已经达到30人一个班的规模。这对提高教育质量，提高教学效益有着极其重要的意义。在一些条件较好的地区，高中阶段开始实行一班两教师的授课形式。这种做法虽然会增加教师的工作量，但可提高教学效果和质量。

二、分组教学的基本形式

体育与健康教学一直面临着班级授课人数多、学生身体素质差异大的问题，如果采用传统的体育教学方法和手段，则教师教学难以适应全体学生，身体素质好的学生感到太容易，难以得到提高；身体素质差的学生难以接受，容易对体育课产生畏惧，导致身体素质进一步下降。因此，在体育与健康课中，分组教学是一种必要的教学组织形式。在传统体育课中，分组教学的基本形式仅局限于随机分组等简单的形式，但这种简单的分组教学形式并不能很好地体现新课程标准的理念，为了使体育与健康教学能更好地贯彻新课程标准的精神，这里简单地介绍几种不同的分组教学形式。

（一）随机分组

随机分组是分组教学的最基本形式。所谓随机分组，就是按照某种特定的方法将学生分成若干组。例如，教师用报数的方法将全班分成若干个小组。

随机分组具有一定的公平性，常在竞赛、游戏时采用。这种方法的优点是既简单又迅速；缺点是没有考虑学生在爱好、能力上的差异，无法很好地体现区别对待的教学原则。

（二）同质分组

同质分组是指根据学生的性别、健康状况、体育基础、技能水平等方面的状况，将学生分为不同的小组进行教学的一种组织形式。从教学效果上看，这种分组的优点是更加切合实际，对不同组的学生，提出不同的教学任务和要求，有利于提高教学质量；同时，同质分组教学便于小组内学生之间平等、顺利地进行交往，它为不同层次水平学生的学习创造了条件，在一定基础上促进了学生在原有基础上进一步发展。它的不足之处是由于教学的分层次导致学生的分层，造成"两极分化"，使"优等生"得到良好发展，而"差生"可能会越来越差。因此，教师在教学过程中进行同质分组时，要尽量避免给学生贴标签，以免差生产生自卑感和降低学习的信心，也避免技能好的学生产生骄傲和自满情绪。另外，教师可以给学生提供较多层次的练习内容让学生自己选择，从而促进学生的进步并维护学生的自尊。

（三）异质分组

异质分组就是人为地把体能、运动技术等处于不同水平的学生分到一起进行教学的一种教学组织形式。例如，在进行接力跑游戏之前，教师把跑步的速度较快和跑步的速度较慢的学生合理地分配在各个小组里，此时形成的小组就是典型的异质分组。又如，在练习某一运动项目时，每个小组中男、女生的比例相当，然后，小组之间展开竞赛，这样的小组就是异质分组。

在教学中，将不同体能、不同技术、不同兴趣的学生分在一起，可以增进学生之间的交流。学生通过相互帮助、相互指导促进了竞争学习与合作学习的产生。另外，异质分组对于体育基础较差的学生有一定的促进作用，学生在这样的小组进行学习与锻炼可以从心理上得到肯定，这种肯定往往会激发学习热情，使学生主动正视自己的不足并努力提升自我。

（四）合作型分组

合作型分组是指在体育与健康教学中让学生通过分工合作的方式共同完成学习目标的一种分组教学形式。合作型分组实际上是一种互助性学习。传统的教学理念强调师生之间的互动，而忽视了生生之间的互动。实际上，教师的一切课堂行为都是发生在学生同伴群体关系的环境之中的。在课堂上，学生之间的关系比任何其他因素对学生学习的成绩、社会化和发展的影响都大。

在教学中，教师采用合作型分组这种教学方式有利于调动学生学习的积极性，有助于提高学生的自主学习能力、合作参与能力和言语交际能力。另外，合作学习能使学生学会对自己的学习负责，增强学生的团队意识，培养学生的合作精神，提高学生的协作能力。但在实际的操作中，不能盲目、随意、放任自流，为了合作而合作，使合作流于形式。教师应当加强对合作学习的指导，注重对合作学习的监控。

（五）帮教型分组

帮教型分组是指在体育与健康教学中，教师有意识地把基础较差的学生与技术水平高低的学生分到同一组中，让学生"以好带差、取长补短"，共同提高运动技术水平的一种分组教学形式。这样的分组教学形式，既有利于差生学习，也有利于团结学习，共同提高。采用帮教型分组形式所起的教学效果比教师一个人对众多学生进行指导要好得多，同时，帮教型分组形式也是主动学习的一种很好体现。

然而，在帮教型分组中，教师要使学生认识到，无论扮演什么角色，人与人之间都是平等的，每个人都有帮助他人和接受帮助的责任和义务。

（六）友伴型分组

友伴型分组是指在体育与健康课中，让关系密切的同学自然组成小组进行学习和锻炼的分组教学形式。从社会学角度来看，物以类聚，人以群分。这是自然的现象，人总喜欢与自己熟悉的人、亲近的人聚在一起。因此，在体育与健康教学中采用友伴型分组，让学生与自己关系密切的同伴在一起练习，学生的心理会放松，并能得到友情的支持。例如，一个不会打篮球的学生处在一个友伴群体中，其同伴会用友好的态度、热情的鼓励带他（或她）一起打球，并给予指导和帮助，同时，他（或她）也会很放松地、毫无顾虑地与同伴一起活动。

过去，在体育课上很少能看见这种友伴型的分组形式，这是因为一些体育教师认为，"友伴"在一起活动容易失控，容易打乱课堂次序，容易在体育课上形成"小帮派"。实际上，这是由于一些体育教师总是站在教师"教"的立场上，没有充分认识到学生主体的作用，没有认真考虑学生的需要和情感。以上讨论了多种分组教学形式，在体育与健康教学中，教师应根据不同水平阶段学生的特点、不同的教学内容、不同的目标，选用适宜的分组形式或结合几种分组形式来开展教学。岳飞曾经说过："用兵之道，存乎于心。"

在我国大部分地区，受经济条件的限制，很多学校的场地器材都不能很好地满足体育与健康课的需求，因此，体育与健康教学中为了使学生能更多地进行身体练习，就需要进行分组轮换教学。

当然，对于条件好的学校建议尽量选择分组不轮换教学，这就要求各校要根据实际情况进行选择。

1. 分组不轮换

分组不轮换：把学生分成若干小组，在教师统一指导下，按教材安排顺序，集中进行学习。其优点是便于教师统一指导，全面照顾学生，合理安排教材顺序和运动负荷，缺点是需要一定数量的场地和器材设备条件，一般在场地小、器材少的情况下，不宜采用这种形式。

2. 分组轮换

分组轮换：在教师的指导和体育小组长的协助下，把学生分成若干小组，分组学生分别学习不同性质的教材，按预定的时间，互换学习内容。其优点是在场地器材不足的情况下，采用这种形式，可使学生获得较多的练习机会，有利于培养学生的独立工作能力和创造能力，缺点是教师不容易全面照顾和指导。分组轮换形式很多，常见的有以下几种：

第一，两组一次等时轮换：在学生人数不多，新教材难度较大，复习教材也比较复杂的情况下采用。上课时，一组学习新教材，另一组复习旧教材，到基本部分 1/2 时间互换一次。

第二，三组二次等时轮换：在教学班学生人数较多、器材较少、新教材比较容易或复习课比较简单的情况下采用。课中，把学生分为三组，分别学习或复习三种不同教材，到基本部分 1/3 时间，三组依次轮换一次，到基本部分 2/3 时间，三组再依次轮换一次。

第三，先合（分）组，后分（合）组。目前，中小学体育与健康课运用较多。一般是在基本部分，先全班合起来学习一些基本教材，然后根据学生兴趣爱好分若干组（2~4组）进行选项练习，或者相反，先按学生的兴趣爱好进行选项练习，然后再合起来进行基本教材的学习。

应该指出，课中，采用何种组织形式，主要根据教学任务、教材性质、学生人数及场地器材设备等情况而定，不能千篇一律。分组教学应注意下面几点：

第一，在分组教学时，教师应把主要精力放在学习新教材的小组，如都是复习教材，应重点照顾教材难度较大的小组。

第二，在分组教学时，教师应注意照顾体弱组和女生组。

第三，课前，培养好小组长和体育骨干以便在课中发挥助手作用。

第四，做好分组教学的组织工作，以便能迅速而有秩序地进行轮换。

第五，在分组教学时，一般不应同时出现两个新教材。

第六，在分组教学时，教师要有目的、有计划地巡回指导，其站位既要便于指导所在的小组，又要便于观察其他小组学生的活动。

3. 场地、器材的布置

体育场地器材是进行体育与健康教学的前提条件，是实现教学目标的物质保证。场地器材布置得科学、合理不仅有利于保证安全、提高效率，还可以让学生受到环境与美的教育。因此，课前事先对场地器材的布局进行合理的设计，做到适用、美观又新颖，学生就会有耳目一新的感觉。另外，场地美的表现力也是教师的一项基本功，有经验的教师总是把场地设计与课堂实践视为有机的整体，是体育课完美教学的不可缺少的组成部分。

场地器材的布置要注意以下问题：

第一，场地、器材的总体布局要合理。

第二，课中，场地、器材的布置应尽量适当集中，避免转换教材时浪费时间。

第三，学校制定体育与健康课表时，既要考虑有利于增进学生健康，又要充分考虑场地、器材的情况。

第四，在同一时间上课的班级，任课教师们在备课时应相互联系，划分好场地的使用范围并安排好器材，以免发生冲突。

第五，场地和器材的布置要注意安全。

第六，要有组织、有计划地分配学生布置场地和器材，并负责收回，培养学生爱护公物、热爱劳动、愿为他人服务等优良品质。

4. 教学活动的灵活性

教学活动的灵活性是教师成功教学的保证。在教学活动进行前，教师要对整个教学活动进行预料，以尽量减少突发事件带来的尴尬，努力为教学活动铺平一条前进的路。然而，在实际的教学中，教师还是会遇到许多未料到的偶发性难题，有些是来自学生本身的，有些是来自环境的，也有些是来自教师本身的等，这就对教师的教育机制，尤其是对教师活动组织灵活性的把握提出了更高的要求。因此，面对突发事件，作为教学活动的实施者应沉着冷静，仔细分析突发事件的教育价值，灵活调整活动内容，使突发事件成为对学生进行思想品德教育的手段。此外，这些突发事件也给教师提供了宝贵的发展机会，通过解决问题的过程，教师可以从中吸取营养，积累经验，从而实现自身素质的提高。

第四节 体育与健康课的评价

对体育与健康课的评价有利于总结教学中的成功经验，及时了解存在的问题，以便采取有效措施，改进和提高教学质量，把体育与健康教学建立在科学的基础上。

一、对学生学习的评价

对学生学习的评价实质上就是了解学生的学习情况与表现，以及要达到学习目标的程度。根据《体育与健康课程标准》要求，新的评价要从学生的体能、知识技能、学习态度、情感表现和合作精神等方面对学生进行全面、合理、公正的评价。评价的形式要多样化，学生自评、学生互评、师评等形式相结合。评价的方法既注重终结性评价，又重视过程性评价；既注重绝对性评价，又重视相对性评价。对学生学习成绩评定的内容应与课程目标相一致，尤其需要与学习领域水平目标相一致，这样才能更好地促进学生的全面发展。

（一）体能的评定

发展体能既是体育与健康课程重要的学习内容，也是体育与健康课程的重要目标。依据我国学校体育要贯彻"健康第一"的指导思想，并考虑目前我国青少年儿童学生的健康状况，《体育与健康课程标准》将体能作为评价学生学习成绩的一个标准。体能的评定可根据各个学习水平的体能发展目标与内容框架，选择体能指标进行评价，可参照《学生体质测试标准》进行。在进行体质测试的同时，教师还应关注每位学生学习前后的成绩变化进行进步幅度评定，进步幅度评定可采用现有成绩比原来成绩（根据《体质测试标准》）提高一个档次作为基本达标，进步2个档次为良好，进步3个档次为优秀，进步4个档次以上为非常优秀，没有进步或退步为待达标。例如，小学三年级某某同学50米跑原始成绩为10秒7，现有成绩10秒，查表得该同学成绩提高了4个档次，进步幅度应评为非常优秀。

（二）知识与技能的评定

知识与技能的评定包括对学生健康知识评定和运动技能评定。健康知识评定内容主要包括学生对健康知识及其对社会价值的重要性的认识，以及体育锻炼的方法和掌握有关知识运用于实践的情况。评价的形式采用学生互评、师评相结合进行，评价方式采用提问、问卷、问答、实践操作等，不太要求单纯地记忆，重视和强调对所学知识的理解和运用，如学生学了营养、体育锻炼与控制体重后，让学生学会如何平衡膳食、用体育和营养手段来控制体重。此外，在评价时，应把过程性评价和终结性评价相结合。

（三）学习态度的评定

学生对待体育学习与练习的态度如何，直接影响学生终身体育意识的培养，所以，树立对体育与健康课的正确认识，形成正确、积极的体育态度至关重要。对学生学习态度的评定可根据出勤情况和平时表现两方面进行。出勤情况由体育委员和小组长协助评定，一学期累计缺勤超过 1/3，则直接定为体育与健康课成绩未达标，出勤率达 95%～100% 为非常优秀，90%～95% 为优秀，85%～90% 为良好，80%～85% 为基本达标，75%～80% 为待达标。请事、病假的学生应出具家长、班主任或医院证明。平时表现评定内容包括能否主动自觉地参与体育活动，在活动中能否全身心投入，能否积极主动思考，为达到目标而反复练习等。

（四）情意表现与合作精神的评定

新课程中的"健康"由身体健康与心理健康两方面内容组成。学生通过学习不但应有强壮的身体，还应具备良好的心理品质。所以，提高学生的心理健康也是体育与健康课的一项重要目标，这也是新课程区别于传统课程的最大特点。在体育与健康课程中，学生的心理健康主要表现在能否战胜胆怯、自卑，充满自信地进行学习与练习；能否敢于和善于克服各种主观、客观的困难与障碍，挑战自我、战胜自我，坚持不懈地进行学习与练习；能否善于运用体育活动等手段较好地调控自己的情绪。

在体育与健康课程中，学生的社会适应能力主要表现在能否对其他同学和老师理解与尊重，并在学习过程中表现出良好的人际交往能力和合作精神，努力承担在小组学习与练习中的责任，如为小组的取胜全力以赴；遵守规则、尊重裁判；

能不计较胜负，赞扬对手；认真分析失败原因，不埋怨他人；能与他人很好地交换意见。

在对学生的学习情况进行评价时，采用的学习成绩评定方法不应是单一的，而应是多元的。体能、运动技能的评定可以采用定量评定与定性评定相结合的方法进行；学习态度与行为、情意表现与合作精神的评定可以采用以定性评定为主的方法。

二、对体育与健康教师教学的评价

课堂教学评价对体育与健康教师的教学具有导向、激励调节和促进反思等功能。

《体育与健康课程标准》对体育与健康教师教学的评价目的能够促进体育与健康教师提高专业素质和提高课堂教学质量，不是要把教师区分为三六九等。因此，对于体育与健康教师的教学评价，主要是对教师的专业素质和课堂教学两个方面进行的综合评价。

（一）体育与健康教师专业素质的评价

体育与健康教师专业素质的评价实际上是对教师发展潜力的评价。教师的专业发展已成为教育改革与发展的重要组成部分。教师专业发展是一个动态发展的过程，只有在教学过程中教师才能不断成长，提高自身的专业水平和能力。教师的专业素质主要包括教学道德、教学能力和教育科研能力。

教师道德的评价主要包括体育与健康教师的职业态度，体育与健康教师对待学生的态度等；教学能力的评价主要包括教师对体育与健康课程目标、内容的认识与理解，对于现代教育理论、教学方法的掌握和实际运用的情况。掌握从事体育与健康教学必需的基本技能的情况，如体育与健康教学的设计、讲解、示范以及组织教学等技能。教育科研能力的评价主要包括根据教育发展的情况主动学习、不断充实和完善自身能力，发现和提出与本课程内容有关的课题并具有写出有一定内容和见解的科研论文的能力等。

（二）课堂教学评价

课堂教学是由教师、学生、设备、教法等诸要素组成的师生双边活动，是学校教学活动的基本组织形式。课堂教学评价是根据教育目的和教学评价标准，对一节课中教与学的活动和效果进行价值上的判断。它在整个教学评价中具有非常重要的意义。对体育与健康课堂教学进行评价要从教师的教与学生的学两个方面进行，其中，教师的教包括：精深的专业知识、专业品质、教育学与心理学方面的知识，有效的教学方法，课堂教学的组织与学生的互动与交流等。学生的学包括：学生在课堂教学中的学习状态、参与情况以及学生所取得的学习成果等。课堂教学评价涉及教师通过对所学学科知识的掌握，根据学生的兴趣与需要，运用恰当的教学方法，创设问题情境，引导学生积极思考，不断探索，在轻松、愉快的课堂气氛中，实现师生互动和交流。课堂教学评价的重点是通过教师的课堂教学，学生是否获得了知识和技能，是否学会了思考，成绩是否得到了提高。

三、对体育与健康课程的评价

对体育与健康课程评价的主要目的是了解和掌握体育与健康课程开展的具体情况，及时总结体育与健康课程实施过程中的经验，发现存在的问题与不足，从而促进课程目标和课程内容的不断完善与改进。

课程评价的内容一般包括课程文件的完善程度、归档保存是否完好、课程及教材的审查管理制度和评价制度，以及这些制度执行的情况、课程设计的理念、体系、结构的完善程度、教学内容的先进性、教材的选用是否符合教育行政部门的有关规定、保障课程实施的师资状况、师资培训、场地器材等教学设备和教学经费的使用情况等。

参考文献

[1] 夏贵霞，舒宗礼. 政府购买服务视角下社会力量参与学校体育发展的现实基础与路径选择 [J]. 武汉体育学院学报，2019（12）：67-68.

[2] 姜兆祥，杨枝创. 新时代背景下学校体育发展慎思 [J]. 教育观察，2020（3）：98-99.

[3] 邓闾林. 健康中国视域下我国学校体育发展路径研究 [J]. 四川文理学院学报，2020（2）：54-58.

[4] 董亚琦，丁飞，熊国龙. 大数据时代学校体育发展路径研究 [J]. 青少年体育，2019（6）：36-37.

[5] 健何苗苗，丁正军. 康中国视域下学校体育发展策略的研究 [J]. 当代体育科技.2018（4）：41-43.

[6] 杨红. 关于学校体育发展困境及破解途径研究 [J]. 青少年体育，2018（6）：24-26.

[7] 夏青. 简析全民健身对学校体育发展的影响 [J]. 运动，2018（7）：31-33.

[8] 张卫平. 我国青少年体质健康促进的社会学归因与策略 [J]. 体育世界（学术版），2016（11）：78-79.

[9] 马雪峰. 谈青少年体质健康评价诊断及干预对策 [J]. 才智，2017（16）：47.

[10] 于艳. 体育教育专业中存在的问题及对策 [J]. 科技风，2019（35）：66.

[11] 吴健，廖仲珂，盛鹏杰，等. "双一流"背景下体育教育专业乒乓球课程的设置及发展探讨——以郑州大学为例 [J]. 青少年体育，2019（11）：22-24.

[12] 侯金涛. 应用型民族本科院校体育教育专业毕业生就业现状及影响因素的研究 [J]. 当代体育科技，2019（31）：35-36.

[13] 袁兵. 浅谈共享经济视角下学校体育教育资源的社会共享 [J]. 轻纺工业与技

术, 2019（12）：51-53.

[14] 王定明.建设体育教育信息化的策略 [J].学周刊, 2020（3）：42-43.

[15] 龙佳怀, 刘玉.健康中国建设背景下全民科学健身的实然与应然 [J].体育科学, 2017（6）：34-35.

[16] 潘凌云, 王健, 樊莲香.我国学校体育政策执行的逻辑辨识与推进策略——基于"观念·利益·制度"的分析框架 [J].体育科学, 2017（3）：87-80.

[17] 朱培榜.新课程标准下学校体育教育专业本科课程设置思考 [J].山东体育学院学报, 2009, 25（4）：87-90.

[18] 季浏.《体育与健康课程标准》实施过程中应注意的几个问题 [J].上海体育学院学报, 2006, 30（4）：76-79.

[19] 张建新.我国中小学体育课程改革的现状分析 [J].体育与科学, 2003, 24（3）：70-72.

[20] 汪晓赞, 季浏.我国新一轮中小学体育课程改革现状调查 [J].上海体育学院学报, 2007, 31（6）：62-67.

[21] 张桂兰, 李艳翎.体育教育专业理论学科与技术学科课程设置改革的现状研究 [J].浙江体育科技, 2009, 5（31）：33-38.

[22] 周登嵩.新世纪我国学校体育改革与发展研究综览 [J].首都体育学院学报, 2005, 17（3）：1-6.

[23] 钟小燕, 王牧娣.新课改背景下高等院校体育教育专业课程设置的思考 [J].湖南第一师范学报, 2007, 7（4）：44-45.

[24] 卢成义, 宋丽.山东省学校扩招后体育师资、场馆设施现状的调查研究 [J].天津体育学院学报, 2006, 1（21）：53-85.

[25] 徐岩, 孙光.体育教学方法论思考 [J].体育与科学, 2002, 23（4）：75-76.

[26] 傅健.体育认知形式与体育学习方式转变 [J].体育与科学, 2007, 28（4）：79-81.

[27] 葛丽华, 胡烈刚.校园体育文化概念之研究 [J].浙江体育科学, 2006（4）：41-43.

[28] 潘崎峰, 潘宏佳.校园文化对高校人才培养目标实现的作用 [J].佳木斯大学

社会科学学报，2006，24（5）：106-107.

[29] 李丽.高校体育文化建构与促进学生身心和谐发展研究 [J].体育文化导刊，2007（5）：3.

[30] 孙会山.试析高校体育文化与校园精神文明的关系 [J].中国成人教育，2005，000（1）：45-46.

[31] 朱柏宁.校园体育文化探析 [J].体育与科学，1999，20（2）：59-61.

[32] 黄衍存.论学校体育文化的内涵、特征与功能 [J].福建体育科技，2004，23（1）：49-51.

[33] 柏慧敏，谢军.论学校体育文化的结构、功能及转型 [J].上海体育学院学报，2004，28（4）：79-82.

[34] 魏四成.谈校园体育文化建设 [J].湖北体育科技，2002，21（4）：45-47.

[35] 张永保，林秋菊.论校园体育文化的定义及其结构的划分 [J].体育成人教育学刊，2006，22（2）：3.

[36] 吉灿忠，王崇礼.高校体育文化对学生个性与社会性的影响 [J].广州体育学院学报，2006，26（3）：4.

[37] 宋军，邓艳艳.试论校园体育文化与终身体育 [J].南京体育学院学报：社会科学版，2005，19（4）：3.

[38] 黄欣加.学校体育文化与素质教育 [J].体育与科学，2004，25（3）：23-25.

[39] 王海波，杨剑.学校体育文化建设与素质教育 [J].沈阳体育学院学报，2005（5）：35-37.

[40] 马岳良.论学校体育文化环境对学生人文素质的影响 [J].南京体育学院学报，2004，18（1）：48-51.

[41] 曾五一.校园体育文化与精神文明建设 [J].体育函授通讯，2000（1）：3.

[42] 周清明.建设社会主义和谐社会推进学校管理体制改革 [J].高等教育研究，2005（10）：43-45.

[43] 黄正泉.文化的寻根与比较 [J].船山学社，2006（3）：24-27.

[44] 曹静，黄正泉.论农村文化生存抵抗与高等教育 [J].船山学社 2006（1）：32-33.

[45] 李泽群.学生体育素质教育目标课程化的实践[J].学校体育与健康教育研究文集,1999（12）：67-69.

[46] 钱明辉.发展我国21世纪新教育的纲领性文件——学习《中共中央国务院关于深化教育改革全面推进素质教育的决定》[J].云南师范大学学报,2000（6）：1-4.

[47] 徐淑珍.教学秘书之教学管理探讨[J].成都大学学报（教育科学版）,2008,22（8）：78-79.

[48] 王菊,张建东,陆靖.大学本科教学管理激励机制研究——A、B两大学实证比较分析[J].高校教育管理,2009,3（4）：14-18.

[49] 谭浩.学校二级学院院级教学管理模式研究[J].2004（6）：35-37.

[50] 刘爱华.加强学校二级学院教学管理机制的思考[J].读与写杂志,2009（8）：55-56.

[51] 李红霞,李立明.创新"质量工程"建设管理机制的探索与实践[J].高等理科教育,2009（3）：22-24.

[52] 江芳.创新教学管理机制促进教学质量提高[J].安徽工业大学学报社会科学版,2003（5）：11-13.

[53] 蔡映辉.对学分制的认识及其教学管理机制的建立[J].理工高教研究,2003（6）：64-66.

[54] 纪洪波.改革教学管理机制全面推行学分制[J].山东工业大学学报社会科学版,2000（4）：23-35.

[55] 陈建国.改革内部管理机制增强学校竞争力[J].教育管理,2004（12）：47-49.

[56] 冯东红.岗位津贴制度实施下学校行政管理人员的管理机制研究[J].内蒙古师范大学学报（教育科学版）,2008（11）：43-45.

[57] 罗月红.高等院校二级学院管理机制创新研究[J].时代经贸,2008（9）：35-36.

[58] 梁慧星,包雅玮.学校教育管理机制的创新[J].高教高职研究,2008（6）：84-86.

[59] 王丽玉，李德新. 学校考试管理机制改革初探 [J]. 福建农业大学学报（社会科学版），2000（3）：13-14.

[60] 王权，史宝玉. 高校考务管理机制探析 [J]. 高师理科学刊，2007，27（2）：1.

[61] 郑家成，何全旭. 学校内部教学质量管理机制的优化 [J]. 教育发展研究，2007（3）：75-77.

[62] 王泽生，陈子辉. 学校实验室开放管理机制的探索 [J]. 实验室科学，2007（6）：45-46.

[63] 毛振明，赖天德. 体育教学中的安全和安全教育 [J]. 中国学校体育，2000（6）：24-26.

[64] 熊杰. 校院二级管理体制下院级教学管理机制的探讨 [J]. 科技信息，2009（14）：1.

[65] 戴克林. 新建本科院校学分制教学管理机制的构建 [J]. 三明学院学报，2009（9）：26-28.

[66] 程华东. 高等农业院校本科教学管理体制与运行机制创新研究 [J].2004（5）：77-79.

[67] 陈海，杨国庆. 北京普通高校体育场馆现状调查 [J]. 体育学刊，2004，11（5）：3.

[68] 林立. 普通学校体育场馆设施、器材配备现状的调查研究 [J]. 首都体育学院学报，2006，11（6）：81-83.

[69] 曹莉，孙晋海. 中国高等体育院系办学硬件的比较研究 [J]. 北京体育大学学报，2004，4（27）：524-526.

[70] 李泽群. 学生体育素质教育模式研究与实践报告 [J]. 学校体育改革与发展研究，2001（3）：23-25.

[71] 朱红，蔡琳. 我国学校体育场馆资源利用状况的文献综述 [J]. 哈尔滨体育学院学报，2009，5（27）：45-48.

[72] 郭鼎文. 从耗散结构看我国加入WTO高等体育教育变革的机制 [J]. 广州体育学院学报，2002，5（22）：12-14.

[73] 辛自强，迟丽萍，俞国良. 创新教育的系统观 [J]. 首都师范大学学报（社会

科学版），2000（2）：115-120.

[74] 殷红.对河南省高等体育教育专业师资培养中存在问题的思考[J].山西师大体育学院学报，2009，2（24）：80-82.

[75] 袁云.基础教育课程改革对体育教育专业影响的研究[J].南京体育学院学报，2004，18（5）：61-64.

[76] 曲宗湖，顾渊彦.基础教育体育课程改革[M].北京：人民教育出版社，2004.

[77] 黄汉升，季克异，林顺英.中国体育教师教育改革的理论与实践[M].北京：高等教育出版社，2004.

[78] 季浏.体育与健康课程与教学论[M].杭州：浙江教育出版社，2003.

[79] 周登嵩.学校体育学[M].北京：人民体育出版社，2004.

[80] 王瑞元.运动生理学[M].北京：人民体育出版社，2002.

[81] 李秉德，李定仁.教学论[M].北京：人民教育出版社，2001.

[82] 王策三.教学论稿[M].北京：人民教育出版社，1985.

[83] 中国大百科全书.教育[M].北京：中国大百科全书出版社，1985.

[84] 张晓芳.创新思维方法概论[M].北京：中央编译出版社，2008.

[85] 斯蒂芬·P.罗宾斯，玛丽·库尔特.罗宾斯《管理学》第11版学习指导[M].贾振全，郝玫，译.北京：清华大学出版社，2013.

[86] 张外安.体育课程读本[M].湖南：湖南科学技术出版社，2005.

[87] 金钦昌.学校体育学[M].北京：高等教育出版社，1994.

[88] 全国体育学院教材委员会.群众体育学[M].北京：人民体育出版社，1999.

[89] 胡之德.学校改革建设和发展[M].兰州：兰州大学出版社，1994.

[90] 赵文华，龚放.现代大学制度问题与对策[M].上海：上海交通大学出版社，2007.

[91] 郑树山.中国教育年鉴[M].北京：人民教育出版社，2003.

[92] 李友芝.中外师范教育辞典[M].北京：中国广播电视出版社，1994.

[93] 毛丽红.基础教育课程改革下的学校体育教育专业人才培养现状的调查研究[D].上海：华东师范大学，2005.

[94] 李险峰. 新课标对学校体育教育专业课程与教学影响的现状调查研究 [D]. 上海：华东师范大学，2008.

[95] 吕春枝. 中国近代教学方法史论 [D]. 保定：河北大学，2008.

[96] 张兴然. 基础教育阶段的创新教育问题研究 [D]. 武汉：华中师范大学，2006.